管理研究

2017 年第 2 辑

邓大松　向运华　主编

中国金融出版社

责任编辑：肖丽敏
责任校对：张志文
责任印制：陈晓川

图书在版编目（CIP）数据

管理研究. 2017 年. 第 2 辑/邓大松，向运华主编. —北京：中国金融
出版社，2018.12
　ISBN 978 – 7 – 5049 – 9886 – 6

　Ⅰ.①管…　Ⅱ.①邓…②向…　Ⅲ.①管理学—研究　Ⅳ.①C93

中国版本图书馆 CIP 数据核字（2018）第 279004 号

出版　**中国金融出版社**
发行
社址　北京市丰台区益泽路 2 号
市场开发部　（010）63266347，63805472，63439533（传真）
网 上 书 店　http://www.chinafph.com
　　　　　　　（010）63286832，63365686（传真）
读者服务部　（010）66070833，62568380
邮编　100071
经销　新华书店
印刷　北京市松源印刷有限公司
尺寸　169 毫米×239 毫米
印张　5
字数　70 千
版次　2018 年 12 月第 1 版
印次　2018 年 12 月第 1 次印刷
定价　30.00 元
ISBN 978 – 7 – 5049 – 9886 – 6
如出现印装错误本社负责调换　联系电话（010）63263947

目 录
○ ○ ○ contents
（2017 年第 2 辑）

从悬浮到协商：邻避冲突治理创新的策略选择

——以广州番禺垃圾焚烧发电项目为例

◎王 庆

中南财经政法大学公共管理学院，湖北武汉，430073

摘 要： 审视当前的邻避冲突治理，存在着政府主位、公众缺位、专家错位、信息不公开、沟通协调与利益补偿机制缺失等问题，治理体系的民主性和抗风险能力较弱，符合等级型—悬浮社会治理模式。广州市政府通过在认知层面凝聚共识、在操作层面公开程序、在主体层面吸纳公众参与、在制度层面完善机制等成功走出了邻避冲突治理困境，是地方政府的创新性治理。广州案例表明：邻避冲突应该实现协商治理，即把协商治理作为方向；用协商民主机制凝聚共识；坚持信息公开，构建风险沟通、利益补偿等机制；拓宽多元主体平等协商的渠道；建立健全治理效果考评体系；实现政府与公众、企业、第三方等主体之间的长期良性互动。

关键词： 邻避冲突　悬浮模式　协商治理　风险沟通　利益补偿协作治理

近年来，我国邻避设施数量增长迅速。然而，在项目选址过程中，由于民众对环境污染的担忧、决策过程不透明等因素，邻避型群体性事件日益频发，对社会的和谐稳定造成极大的负面影响。根据 2014 年《中国法治发展报告》的统计，2000—2013 年我国规模在百人以上的群体性事件中，大约 32% 是在推进邻避项目的过程中发生的。根据 Global Insight 的预测，我国在 2016—2020 年，邻避设施的投入金额将高达 17.6 亿元人民币，同比增长近 50%，这意味着邻避冲突在未来一段时间内的发生数将大幅上升。因此，如何及时、有效地防控和治理邻避冲突，成为各级政府面临的重要现实课题。

美国学者 O'Hare（1977）最早开始使用"邻避"（NIMBY）来描述那些能够带来整体性社会利益但对周围居民可能产生负面影响的设施。所谓邻避设施，其实就是一般的公共基础设施，不同的是，这种设施在服务公众的同时，会产生一定的负外部性，会对附近居民带来不利影响。由邻避设施所带来的"邻避效应"或"邻避情结"，主要是指在通常情况下，一旦在居民区附近兴建所谓的邻避设施就会使附近甚至更远范围内的公众产生一种抵触情绪，这些直接或间接受设施影响的公众也会想方设法地通过各种方式进行抗议，由此会导致公众与政府相关部门之间产生冲突。目前，邻避设施越来越多，由此带来的邻避冲突也随之增加，与此相关的利益主体也变得更加多元化，对政府治理能力提出了挑战。

由于中国特殊的制度、经济、社会和文化环境，我国的邻避冲突具有与其他国家不同的特点，主要表现在以下几个方面。第一，居民邻避抗争诉求比较单一、基本不涉及政治问题。在西方国家，邻避抗争更多的会涉及政治权利、社会公平、种族平等政治问题。但是，在中国的邻避冲突中居民抗争的目的相对单一，很少会牵扯政治问题，大多数邻避抗争的目的只是希望政府停止建设邻避设施并且能够对公民进行补偿，几乎没有人在政治方面做文章。第二，抗争策略多为"闹大"。邻避抗争的"闹大"策略是指邻避项目的受害者通过自发或有组织地采用各种各样的形式，如通过媒体、聚众示威等方式最大限度地扩大事件的社会影响力，最终迫使政府做出回应并采取解决措施。第三，抗争方式的组织化程度较低。在西方，往往会有很多社会组织参与到邻避冲突中并发挥作用。虽然我国邻避抗争的组织化程度在不断提高，但仍然处于低水平。

当前，我国邻避冲突的发展演变大多遵循同样的逻辑，即从公民个体利益表达演变为群体性事件，最后政府停建项目。实践证明，现有的邻避冲突治理模式是一种悬浮型治理模式，无法实现有效治理。因此，要打破悬浮型治理模式，引入协商民主技术，把协商治理作为地方政府邻避冲突治理的方向。

一、国内外文献述评

"邻避"在英文中称为"Not In My Back Yard"（NIMBY），即"不要在我家后院"，也称"邻避"。国外对邻避问题的研究成果已经很丰富，主要从政治学、行政学、社会学和心理学等多学科角度研究邻避冲突是如何发生的以及如何治理，主要采取实证研究方法、比较研究路径以及相关理论的实验研究路径。通过这三种路径对国外特定邻避设施的个案研究，外国学者广泛探讨了邻避冲突的成因、本质、环境正义伦理、治理机制、公民参与等问题。Cames 对美国威斯康星州核废料储存场周边居民进行走访调查发现，当地民众更希望政府能够进行补偿。Dorshimer Karl R 对美国密歇根州一家能源工程实施过程研究，提出了邻避设施建设过程中信息公开不充分是导致此次邻避冲突的主要原因。Maarten Wolsink 研究了邻避冲突的正义性问题，通过一个风力发电厂的实地调查，作者发现当地居民的行为并不是出自正义维护，风力发电厂的建设是科学合理的，是民众自私心理阻碍了设施的建设，并且误导了学者对 NIMBY 问题的研究方向。NIMBY 通常与syndrome 连在一起使用，被称为"邻避情结"或"邻避效应"，其形成过程如图 1 所示。Kuhn 和 Ballard（1998）等将其描述为社区对于有争议的土地或设施选址所进行的有组织的抗争。NIMBY 有时也被称为邻避主义，用以表示新发展计划受到该区或邻近地区居民的反对。

我国对邻避冲突的研究比国外开始的要晚，自 2007 年厦门 PX 事件以后，国内学者才开始研究，表 1 为近 10 年代表性邻避事件。当时学者对于

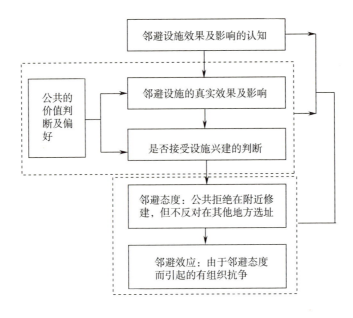

图 1　邻避态度与邻避效应的形成

公民因环境污染导致的反对活动，多以"环境群体性事件""环境抗争"的概念来界定。目前，已有很多学者围绕邻避冲突的发生与治理，借助具体案例做了相关的研究。

表 1　　　　　　　2007—2017 年部分代表性邻避冲突事件

序号	时间	地点	邻避抗争行动	结果
1	2007 年 6 月	福建厦门	市民强烈反抗海沧 PX 项目	迁址
2	2008 年 1 月	上海	市民反对磁悬浮事件	强制镇压
3	2009 年 3 月	北京	反对高安屯垃圾填埋场再次兴建垃圾焚烧厂	暂停
4	2009 年 11 月	广东广州	番禺居民反对垃圾焚烧发电厂的选址	重新启动
5	2010 年 3 月	广东深圳	反对在虎门、清溪、麻涌、常平新建四座垃圾焚烧发电厂	重新启动
6	2010 年 10 月	广西梧州	村民集体抗议政府强行征地	强制镇压
7	2011 年 8 月	辽宁大连	上万群众抗议福佳大化 PX 项目	迁址
8	2012 年 4 月	天津	市民抗议 PC "绿色" 化工项目	暂停
9	2013 年 5 月	四川成都	市民反对 PX 项目	强制镇压
10	2013 年 5 月	云南昆明	市民反对 PX 项目	强制镇压

续表

序号	时间	地点	邻避抗争行动	结果
11	2014 年 4 月	浙江杭州	杭州中泰乡抗议垃圾焚烧厂事件	暂停
12	2015 年 4 月	广东河源	民众聚集反对建火电厂事件	和解
13	2016 年 6 月	湖北仙桃	民众强烈反对垃圾焚烧发电厂项目	停建
14	2017 年 1 月	海南万宁	民众抗议垃圾焚烧发电厂选址	强制镇压

注：本表根据文献整理而成。

目前国内大部分学者都在总结以往邻避冲突经验与教训的基础上提出治理措施。而在已有研究中，有学者发现地方政府为了顺利推进项目，在决策过程中会把普通公众排除在决策程序之外，使得公众一直被蒙在鼓里，无力干涉项目的决策过程与实施（郑卫，2011；马奔等，2014），由此所带来的结果就是广大群众没有机会也没有能力去了解、理解政府的决策，更不可能主动支持、配合这样的政策，冲突自然难以避免（汤汇浩，2011；王佃利和邢玉立，2016）。此外，地方政府往往作为一种利益主体，而不是冲突中的中立方，所以，很多地方政府面对民众的各种施压与抗争往往采取比较消极的回应态度，协调与安抚力度不够，甚至部分地方政府采用暴力镇压的方式进行处理，而在事态平息之后又突袭建设相关设施（何艳玲，2009）。更严重的问题是，在制度层面，很多地方政府在处理邻避冲突的过程中长期以来都没有建立起合理有效的沟通交流机制以及风险损失补偿的机制（熊炎，2011；唐庆鹏，2017）。

关于邻避冲突的成因，许多国内的研究者通过实证研究和比较研究的方法，主要是围绕邻避设施程序的不合理、邻避设施本身的负外部性和邻避设施建设的成本收益等问题展开研究。其中，马奔、王听程和卢慧梅（2010）认为从政府规划到逐步完成项目决策，公众自始至终都没有机会反映自己的意见，如此带来的结果可想而知，虽然政府可以如愿地按照既有的安排推进项目，但与此同时，居民对政府的不信任也在不断加深，这为冲突的产生埋下了隐患（见图 2）。此外，还有学者认为公平性问题是影响邻避冲突的主要原因，如张乐等（2010）认为"邻避情结"的产生在于成本与效益不能平衡，其中，设施附近的居民受影响最大。张永宏和李静君（2012）发现基层政府在应对公众抗议时通常的做法：一是强制镇压，通过组织大规模警力对抗议者进行威慑，甚至对其做出拘留等处置；二是金钱安抚，对于反抗的居民通过金钱等进行物质利益的安抚。总之，目前多数地方政府仍然是基于维稳的行动逻辑而采取措施。

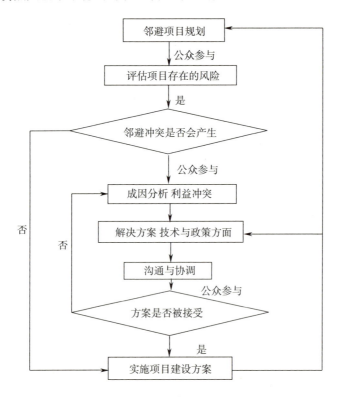

图 2　邻避冲突的形成路径分析

　　关于邻避冲突的治理策略，国内学者也做了深入研究。许多学者都认为，政府在制定邻避政策前要了解民众需求，选择合适的补偿机制，通过风险补偿减轻设施周边居民的损失，以减少居民抗争。最重要的是，在邻避政策的制定过程之中，要考虑民众有效参与，以吸纳民意。马奔等（2010）提出应对我国邻避冲突的策略思维应该是合作博弈，即要找到兼顾公私利益的可行性方案。地方政府在邻避设施的规划时促进公民参与协商沟通，为冲突的化解提供了可能。何艳玲（2009）认为应确立政府中立角色、开通更多的对话渠道、建构面向城市边缘群体的吸纳机制，加快实现制度化，并将冲突治理纳入其中，最终建构出一套能够有利于实现协商的邻避冲突解决机制。

综上所述，邻避冲突不管是在国内还是国外都是城市发展中不可避免的社会问题，并且会随着经济的不断发展而出现多样化的邻避事件类型。其中最为关键性的问题在于邻避冲突治理的相关利益主体未能形成平等参与、相互合作的协商型治理模式，仍存在着政治主体与非政治主体的非对称格局，主要表现在党委政府占主导地位、公众参与严重缺位、法律法规不完善、利益补偿配套机制缺失等方面。总的来说，在中国式邻避冲突的治理中，非政府主体对政府主体的依赖性依然很强，治理体系的民主性和抗风险能力依然很弱，仍具有典型的等级型—悬浮社会治理的特征。因此，要实现"中国式"邻避冲突的有效治理，各级政府必须要引入民主协商技术，以实现协商型治理。

二、案例回顾

虽然广州市政府在 2009 年推进的番禺垃圾焚烧发电厂项目遭到市民的强烈反对并暂停，但 2010 年重新启动后逐步完成了重新选址并走出了既有邻避冲突治理的困境。分析广州市政府在番禺垃圾焚烧发电项目的冲突治理中采取的策略，对于我国地方政府有效治理邻避冲突具有重要的借鉴意义。

（一）项目的审批与上马（2003 年至 2009 年 2 月）

2003 年，面对日益严峻的垃圾堆城形势，广州市计划在番禺建造垃圾焚烧发电厂，经过 3 年多的准备，2006 年，广州市规划局下发了项目选址意见书。2009 年 2 月，广州市政府正式对外公开，决定将一个生活垃圾焚烧发电厂建在番禺，将于 2010 年建成并投入运营。该项目从 2004 年规划到 2009 年公开宣布，5 年来广大公众始终都毫不知情，更不用说通过一些渠道参与其中并发出声音。

（二）邻避抗争与项目暂停（2009 年 9 月至 2009 年 12 月）

2009 年 9 月，当地民众从媒体、网络等渠道得知信息，随即就引发附近小区业主的强烈抗议。2009 年 10—11 月，未来将受到影响的设施附近的广大居民迫于无奈，自发组织起来通过媒体、集会等多种方式表达自己的看法。同时，当地民众揭露决策的不公开、垃圾焚烧的污染和垃圾焚烧的产业利益链条，质疑该项目中的技术风险和官商勾结。

最初，面对公众的诉求和质疑，当地政府并没有积极回应。在有关政府部门的网站上，大量居民发表了自己的观点和建议等，但是并没有及时得到答复。2009 年 11 月 21 日，央视"新闻调查"公开报道了该事件。

该项目推进中可能存在的官商复杂关系，加剧了民众的愤怒。2009 年 11 月 23 日，《南方都市报》指出该事件与承建运营商有密切联系。2009 年 12 月 3 日的《南方都市报》发表长文称广州市政府副秘书长与垃圾焚烧利益集团关系密切，并发表社论直指政策过程的弊端，批评政府的不透明、不公开。

2009 年 12 月 10 日，在公众压力迫使下，广州市政府宣布暂停建设垃圾发电厂。2009 年 12 月 20 日，番禺区委书记谭应华表示，如果大家都不同意，将不会再建垃圾焚烧厂。至此，番禺垃圾焚烧项目宣布暂停。

（三）项目重启与政策调适（2010 年 1 月至 2012 年）

首先，2010 年 1 月，广州市政府重新启动番禺垃圾焚烧发电项目。调整政策议程，并围绕垃圾治理在网络等媒体上广泛征求公众意见。

其次，2012 年 8 月，广州市城市管理委员会成立了由 30 名社会人士担任委员的广州市城市废弃物处理公众咨询监督委员会。

再次，加大宣传力度。一方面，广大专家大力宣传生活垃圾的焚烧处理符合环境友好型技术要求；另一方面，向公众传递"垃圾可以变废为宝"的理念。

最后，加强监督。从 2012 年开始，组建包括业主、环保部门、媒体、相关企业和公众等在内的监督团，对项目的实施进行监督。

（四）项目重新选址并建成（2011 年 4 月至 2017 年 2 月）

2011 年 4 月 12 日，番禺区政府公布"五选一"选址方案，从五个备选中确定一个，随后对这五个选址进行广泛讨论，通过群众意见、环评分析和专家论证最终确定一个地址。2011年6月，完成了环评工作。2012年7月10日，番禺区政府公示了《广州市番禺区生活垃圾收运处理系统规划（2010—2020年）》，确定了番禺区生活垃圾综合处理厂（更名为广州市第四资源热力电厂）的选址。2013年5月19日，项目开工建设。2017年2月22日，广州市城管委在官方网站通报，广州市第四资源热力电厂实现点火烘炉。

至此，广州番禺因建设垃圾焚烧厂而引发的邻避冲突，实现了从邻避抗争到理性博弈、官民良性互动的转变，对于我国邻避冲突的治理具有重要借鉴意义。

三、广州市政府治理邻避冲突的策略分析

与以往不同，广州番禺垃圾焚烧项目引发邻避冲突之后，项目经过短暂的搁置后又重启，广州市政府主动采取多方面措施改变公众认知、吸纳公民参与政策议程、构建民主协商治理机制等，从而成功治理了由垃圾焚烧发电项目所引起的邻避冲突。

（一）在认知层面上谋求治理共识

首先，论证垃圾焚烧的必要性和正当性。广州一直以来就在经济等各方面发展中保持较快的速度，拥有独特的优势。虽然广州长期以来在经济、社会、基础设施等各方面都保持着非常快速的发展速度，特别是其城市化的发展速度也是极其迅速，远超其他城市，即便如此，广州也会像世界其他大城市一样面临着城市生活垃圾如何处理的难题。所以，此次因为建设垃圾焚烧发电厂而带来的官民冲突发生后，广州市首先要做的就是向广大市民通告本市面临的真实的垃圾处理现状，使市民认识到焚烧生活垃圾是无法避开的，让大家看到事实才有利于推进项目。

其次，为垃圾焚烧厂正名。在广大市民还没有真实了解垃圾焚烧的实际情况之前，垃圾处理设施的名称会对市民产生重大影响，所以，可以通过变更垃圾处理设施的名称来缓解公众对于项目的担忧和质疑，从而可以

引导公众更加深入地了解项目的真实情况。广州市政府在事件发生后，将"垃圾焚烧发电厂"更名为"资源热力电厂"，并向公众公开垃圾处理设施，为公众近距离了解情况提供机会，通过此举逐步使公众接受垃圾焚烧的理念。

（二）在程序层面上公开决策流程

2010 年 3 月，受垃圾焚烧设施影响的番禺各个业主以及广大广州市民普遍质疑导致此次冲突事件最关键的问题在于政府在推动垃圾焚烧项目时，没有真正做到在程序等方面尽可能地公开相关重要信息，仍然存在着程序不当、违背民意、信息不公开甚至利益输送等问题。为此，广州市政府决定公开决策程序，以化解公众对于邻避设施选址程序的不满。2011 年 4 月，广州市政府公布了项目选址的整个过程，具体包括编制规划初稿，广泛听取市民、媒体、企业、人大代表、政协委员、专家等提出的意见，进行环评，完善规划、审查等一系列程序。除此之外，对于已经出现的或者可能存在的其他的程序方面的问题，相关部门也表态将尽快采取措施加以解决。

（三）在主体层面上吸纳公众参与

冲突事件发生后，受设施影响的市民虽然一方面在想方设法地采取各种方式来表达对政府和项目的质疑与不满，但是另一方面，大部分市民仍然以大局为重，自发地通过各种途径持续宣传环保的垃圾处理理念，还就如何更好地处理垃圾向政府提出建议。面对如此积极主动的公众，广州市政府也不断调适，开启了政府与公众之间的互动。确实，广州市政府通过采取措施为普通公众提供接触政府的机会，将普通公众引导到政府决策的过程中，使公众有渠道表达观点、提供建议，这不仅可以在主体上实现更加多元，而且在程序上更加完整。广州市政府通过采取多种措施，吸纳公众参与政策过程、主动听取民意。事实证明，这种做法实现了双赢。

（四）在制度层面上构建民主协商机制

在制度层面，广州市政府通过完善组织和构建协商机制，实现了民意表达的组织化和制度化。

首先，在公众方面，2012 年 6 月，在处理冲突事件的过程中，番禺当地的很多受垃圾焚烧设施影响的居民以及业主等自发地组织起来，成立并注册了包括"宜居广州"等在内的致力于保护环境和处理垃圾的非政府组织。

其次，在政府方面，2012年8月3日，为了实现民意的更好上达，广州市专门成立了由普通居民所组成的城市废弃物处理公众咨询监督委员会，同时还把一些民意的代表性人物纳入其中。作为市政府在决策过程中听取民意的重要实现形式，该委员会通过收集民意、化解矛盾、监督过程等环节来增进市民与政府的沟通。通过使民意表达组织化和制度化，有利于化解冲突。

四、协商治理：改善邻避冲突治理的策略选择

在治理中，治理主体对于能否实现有效治理至关重要。治理主体之间的关系可分为"等级型"和"耦合型"两种。等级型主体关系是指参与治理的各个主体之间存在清晰的层级，往往是政府处于主导地位，非政府主体处于服从地位。耦合型主体关系是指参与治理的主体是一种松散耦合的平等关系。由此存在两大治理类型：等级型治理和耦合型治理。其中，等级型治理又分为悬浮模式和强制模式，耦合型治理又分为协商模式和原子模式。

悬浮模式作为等级型治理的模式之一，与强制模式相比，悬浮模式中的非国家主体尽管也对国家存在较强的依赖，但是依赖度要比强制模式弱很多。此外，在政府与社会的等级关系上，表现为政府悬浮于社会之上。虽然该模式在一定程度上放松了对社会的管控，但最终还是为了便于政府的治理。所以，其民主度相对较弱，处于主导地位的仍是政府，社会、市场等主体对于决策的作用是非常有限的。

协商模式是指治理主体均保持相对的独立性和平等性，各治理主体通过积极协商和相互合作实现治理目标。其主要特征表现在：第一，其自身的自主性非常强。其他治理主体不再只是服从于政府。第二，其民主性较强。在决策过程中，各主体依赖于协商机制参与其中。第三，其抗风险能

力很强。在该模式具有较强的民主性和自主性，所以可以很灵活地应对各种风险。协商模式的抗风险能力得益于组织机制的灵活性，而这种灵活性是由整个治理体系的共同目标塑造的。

基于以上分析，得出如下结论：仅仅依靠政府单独决策并实施最终无法有效治理邻避冲突，政府只有通过营造公众认同、完善程序、吸纳多元主体参与政府主导的政策过程，以官民协作取代官民对抗，形成协商治理的基本格局，才能实现对邻避冲突的有效治理。实现协商治理，对于政府和民众来说是双赢的。一方面，广州市政府逐步从单方面强力推进垃圾焚烧走向主动公开相关信息和操作程序、提供平台与公众进行沟通；另一方面，民众从反对政府政策转向主动参与并寻求与政府理性对话的机会，并积极向政府提出政策建议。地方政府具体可选择如下策略。

（一）把协商治理作为地方政府治理邻避冲突的主要方向

在多元利益背景下，有效治理必然要求多元主体共同参与。从这个角度讲，协商治理是现代社会治理的发展方向之一。协商治理对悬浮治理的突破表现在：一是在主体层面上，协商治理通过协商民主引入多主体参与，建立平等自由的主体合作关系，颠覆了悬浮模式中的政府主导格局；二是在方法层面上，协商治理更侧重于柔性治理技术如对话、讨论和共识，完全超越了悬浮模式的强制性逻辑。因此，各级地方政府更应该主动采取措施已突破以往的悬浮型治理模式，转而重视协商治理。

（二）用协商民主机制凝聚邻避冲突治理的共识

缺乏共识是目前很多地方治理面临的问题，可以用协商民主机制来凝聚多元主体治理的共识。具体来说，协商民主机制在以下方面可以发挥作用。

第一，在政策问题的设定上，可以通过民意调查等形式广泛收集社会与公众的建议，并对公众的建议进行专门管理，避免流于形式。

第二，在政策议题的制定过程中，可以运用听证会等协商形式广泛收集民意、增加共识，然后进一步改进方案。

第三，在项目推进过程中，可以建立公众咨询委员会、运用协商民意调查等形式对项目的实施进行监督，从中发现问题、解决问题。

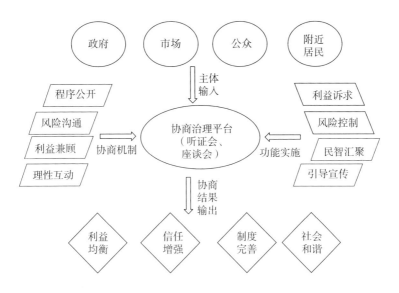

图 3 协商治理模式

（三）完善公民参与邻避项目的制度和非制度安排

目前我国公众参与的制度和非制度保障还不完善。一方面我国公众参与的制度缺少法律保障；另一方面公众对于决策和环境保护的理念和认知不足，公众参与范围小，媒体的舆论引导的责任也缺乏明确的定位等。因此，我国邻避设施决策中的公众参与模式应该是分为多阶段进行考虑的。本文根据现有文献总结出邻避设施决策中的公众参与模式，如表 2 所示。

表 2　　　　　　我国邻避项目决策中公众有效参与模式

参与形式	伙伴决策型参与模式	整体理解协商型参与模式	以整体理解协商型为主分散型为辅的参考模式
适用阶段	决策前期	决策中期、决策意见和效果回馈阶段	决策中期
参与主体	相关技术类专家学者	居民、专家和环保团体	居民、环保团体以及观点不一致的公众
参与途径	一系列环评会议、政府文件、宣传手册、新闻发布会、政府官员发表声明	新闻发布会、市民信箱咨询、办公室开放日、公民团体座谈会、公众听证会、关键公众接触、网络参与	公众听证会、关键公众接触、公民团体座谈会、斡旋调解、网络参与

续表

制度 保障需求	专家咨询制度、信息公开 制度、参与的程序性制度	参与的程序性制度、对弱势群 体的支持制度、社团登记管理 制度、信息公开制度、公众代 表制度等	
非制度 保障需求	NGO 自身专业知识、能力的学习和提高；公众参与决策意识的宣传、教育、培养；传 播媒体社会责任感的培养；		
特征	整体式决策，参与范围 窄、深度大	整体式协商，参与范围广、深 度小	整体式协商，参与范围视 主体而定、深度小

注：本表根据现有文献整理而成。

第一，在决策前期，由于邻避设施决策对政策质量的要求很高，且我国公众参与的保障不健全，适合选取伙伴决策型参与模式。此模式的特点是决策者组织专家和第三方组织共同探讨政策的可行性，暂时不引入大量的公众参与；同时，在有关决策合理性和可行性方面，该模式发挥着重要作用。

第二，在决策中期，如果公众对决策存在意见分歧，适合选取以整体理解协商型为主分散型为辅的参与模式，此模式的特点是决策者需要分别与相关公众进行协调沟通，收集意见并提高政策接受程度。如果公众意见一致，只收集尽量多的信息就可提高政策的接受程度，适合选取整体理解协商型参与模式。

第三，制度和非制度保障要并行。目前公众参与邻避设施决策的制度保障有专家咨询制度、信息公开制度、参与的程序性制度、社团登记制度等，但不够细致和具体，可操性不强。在非制度保障方面，主要考虑 NGO专业技能的提升、公众参与意识的培养和媒体社会责任感的加强。

（四）加强风险沟通，缓和抵触情绪

第一，增强风险沟通意识。根据风险的不可知特性，政府在推行邻避项目时，事实上并不能完全看清项目存在的风险也无法制定规避风险的万全之策，此时，与公民进行及时的沟通显得尤为重要。而且最有效的方式应该是在危机爆发前，在日常工作中就建立与公众间的风险互动交流机制。

第二，尊重公众的合法诉求。政府应尊重其他主体的利益诉求，以对等身份进行协商对话，认真聆听，及时回应，抓准公众最核心的利益诉求并进行整合，形成共识，进而纳入决策参考范围之内。

第三，兑现公开承诺。政府应本着"宜疏不宜堵"的方式方法，对于短时间内未能出台解决方案的问题，要做出承诺。对于一些仍无法解决的问题，将商讨过程公之于众，接受公众批评而不能公开承诺后又置之不理。

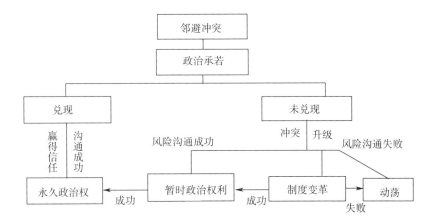

图4 邻避冲突风险沟通机制分析

（五）引入第三方考评机制

在对邻避设施选址、建设和冲突处理过程中，当公众对政府的产生不信任时，就有必要引进利益圈外的独立第三方机构进行公正裁决。第三方参与必须遵循以下原则：一是独立性原则，不偏不倚于任何一方利益；二是权威性原则，当邻避设施产生负面影响引发政府和公民情绪对立时，第三方主体参与能够有效地缓解冲突，把对立双方重新拉回谈判桌，在平等协商的基础上达成共识。政府在引入第三方参与考评时，应确保其独立性和权威性免受公权力的腐蚀侵害。

五、结语

在邻避冲突事件依然高发的严峻态势下，广州番禺垃圾焚烧发电项目能够"浴火重生"无疑值得认真研究。广州市政府通过有效的风险沟通缓解公众焦虑，吸纳公众参与建立政府与公众之间的信任，并切实进行利益补偿等，最终使番禺垃圾焚烧发电厂重建并投入运营。广州案例表明：自上而下的"决定—宣布—辩护"的等级型—悬浮治理模式已无法有效解决邻避冲突问题。换言之，应对邻避冲突应该走向协商治理，即遵循现代治理理念，完善多元主体平等协商机制，构建公平正义的邻避问题处理机制，通过有效的风险沟通改变公众认知而弱化邻避心理，通过合理的收益补偿增进公众接受度，形成"参与—协商—共识"的民主协商治理模式。

参考文献

［1］郁建兴，黄飚．地方政府在社会抗争事件中的"摆平"策略［J］．政治学研究，2016（2）．

［2］张乐，童星．"邻避"冲突管理中的决策困境及其解决思路［J］．中国行政管理，2014（4）．

［3］杜健勋．交流与协商：邻避风险治理的规范性选择［J］．法学评论，2016（1）．

［4］范少虹．论"邻避冲突"中的政府依法行政［J］．暨南学报（哲学社会科学版），2013（3）．

［5］唐庆鹏．邻避冲突治理：价值契合与路径优化——基于社会主义协商民主视阁［J］．学习与实践，2017（1）．

［6］郭巍青，陈晓运．垃圾处理政策与公民创议运动［J］．中山大学学报（社会科学版），2011（4）．

［7］钟伟军．地方政府在社会管理中的"不出事"逻辑：一个分析框架［J］．浙江社会科学，2011（9）．

［8］何艳玲．"中国式邻避冲突"：基于事件的分析［J］．开放时代，2009（12）．

［9］何艳玲，陈晓运．从"不怕"到"我怕"："一般人群"在邻避冲突中如何形成抗争动机［J］．学术研究，2012（5）．

［10］胡燕等．邻避设施规划的协作管治问题——以广州两座垃圾焚烧

发电厂选址为例 [J]. 城市规划, 2013 (6).

　　[11] 黄岩, 文锦. 邻避设施与邻避冲突 [J]. 城市问题, 2010 (12).

　　[12] 马奔等. 当代中国邻避冲突治理的策略选择——基于对几起典型邻避冲突案例的分析 [J]. 山东大学学报 (哲学社会科学版), 2014 (3).

　　[13] 陶鹏, 童星. 邻避型群体性事件及其治理 [J]. 南京社会科学, 2010 (8).

　　[14] 吴翠丽. 邻避风险的治理困境与协商化解 [J]. 城市问题, 2014 (2).

　　[15] 熊炎. 邻避型群体性事件的实例分析与对策研究——以北京市为例 [J]. 北京行政学院学报, 2011 (3).

　　[16] 张永宏, 李静君. 制造同意: 基层政府怎样吸纳民众的抗争 [J]. 开放时代, 2012 (7).

　　[17] O' Hare M. H. , Bacow L. , Sanderson D Facility Siting and Public Opposition, New York: Nostrand Reinhold Company, 1988.

　　[18] Michael Aeschbacher. The acronym NIlVIBY Its use in the scientific literature about facility siting. ETH – NSSI Semesterarbeit, 2006, 50/06.

　　[19] Kuhn, R. G. &K. R. Ballard. Canadian innovations in siting hazardous waste management facilities. Environmental Management, 1998 (22): 533 – 545.

　　[20] Bell, D. , T. Gray, C. Haggett. The "social gap" in wind farm siting decisions: Explanations and policy responses. Environmental Politics, 2005 (14): 460 – 477.

运动式治理的反弹逻辑：以武汉市全国文明城市建设为例

◎ 曾　航

中南财经政法大学，湖北武汉，430073

　　摘　要：尽管决策者往往在运动式治理过程中试图构建固化治理效果的长效机制，然而往往事与愿违，以治理效果的反弹而告终。本文分析了武汉市2015年创建全国文明城市的过程的案例，运用范米特和范霍恩的政策执行系统模型解释了运动式治理最终会走向失败的原因。运动式治理效果的反弹是由治理过程中的四种矛盾导致的：一是长期目标与短期标准的矛盾，二是规范和激励之间的矛盾，三是管理机构的临时性与治理目标的长期性之间的矛盾，四是反复开展的运动式治理和社会环境之间的矛盾。

　　关键词：运动式治理　政策执行　文明城市

一、问题的提出

　　无论是在理论还是实务方面，运动式治理近年来一直作为国家治理中的负面工具被提及，然而这种治理形式在实践中的应用不减反增。除了在政府工作中反复以"专项行动""综合整治"等面貌出现外，这种治理手段更常见的形态则是集各级政府之力进行的大规模社会治理，例如，"APEC

蓝"就是污染排放集中突击整顿的成果。

尽管运动式治理反复开展，短期效果也有目共睹，然而其在中长期的政策效果却饱受诟病。运动式的治理必然走向无效化成了学界、政界共识。目前对运动式治理的研究重点主要聚焦于运动式治理的概念内涵、历史渊源、生成原因、转型方案等方面（刘开君，2017），对其决策和执行机理的研究则常被忽视。

基于此，选择以武汉市创建全国文明城市为案例，研究运动式治理的执行过程。武汉市的全国文明创建行动是一次较为典型的运动式治理过程，带有明显的动员色彩和完整的组织架构，其治理规模庞大，在治理过程中也试图构建固化治理成果的长效化机制。然而，在工作转入常态化后，治理效果却依然出现了反弹。

通过对案例的分析，试图回答以下问题：何种原因促使运动式治理最终走向治理效果的反弹，进而使这一政策工具无效化？在这种政策工具长期效果欠佳的情况下，为何政策制定者依然反复使用这一工具？

二、文献述评

2004 年，运动式治理这一概念被正式提出，国内对运动式治理的系统研究最早可以追溯至此。然而，早在封建时期，这一治理现象就已经出现。有学者就以 1768 年的"叫魂"事件为研究对象，试图揭示运动式治理的内在逻辑（周雪光，2012）。近 10 年，对运动式治理的研究发展迅速，研究的文献数量逐渐增长。

运动式治理的一个经典定义为"由占有一定的政治权力的政治主体（如政党、国家、政府或其他统治集团）凭借手中掌握政治权力、行政执法职能发动的维护社会稳定和应有的秩序，通过政治动员自上而下地调动本阶级、集团及其他社会成员的积极性和创造性，对某些突发性事件或重大的久拖不决的社会疑难问题进行专项治理的一种暴风骤雨式的有组织、有目的、规模较大的群众参与的重点治理过程，它是治理主体为实现特定目标的一种治理工具"（冯志峰，2007）。这一定义被学界广泛接受，并成了研究运动式治理的理论基础。

（一）运动式治理的价值评判

在运动式治理的价值评判方面，以冯志峰为代表的学者将运动式治理作为常规化治理的对立面，对其合法性和有效性进行了双重否定，认为中国运动式治理是一种非常态的治理手段（冯志峰，2007）。指出这种治理手段虽然有权威主体的背书，然而其合法性依然存疑，长期效果欠佳，对法制造成伤害，并且使得财政和社会承受了虚高的治理成本。这种观点在 2010 年以前占据了主流地位。

而近年来，对运动式治理的价值评价经历了一个价值取向转变的过程。周雪光等学者对运动式治理进行了有限的肯定，他们首先认同了运动式治理的非制度化、非常规化、非专业化（冯仕政，2011）的特征，承认运动式治理不可持续。同时，他们将运动式治理置于我国科层式的治理逻辑中加以宏观考察，认为我国长期以来的科层制或称官僚制的治理模式，必然导致周期性和偶发性的治理失败。这种失败催生了运动式治理用来作为常规治理的补充。这种治理模式并没有完全摆脱科层制的治理模式，其组织基础依然是科层制，并成为国家制度的一个有机成分，与常规治理共同发生作用。叶敏（2013）则将运动式治理视为各级政府完成目标的一种政策工具或治理策略，认为如同其他政策工具一样，运动式治理有其内在优势和弱点。

（二）运动式治理研究的发展

随着研究走向的精细化和深入，越来越多的学者认识到运动式治理是一个复杂的治理现象，开始运用多学科多角度的手段对运动式治理加以研究。对其认识也从完全否定逐渐走向理性分析或有限的肯定，认为运动式治理存在着弥补政府动员能力不足的可能性（唐贤兴，2009），并开始运用社会学、法学、公共管理等多视角多学科的研究方式考察运动式治理的转型。对于运动式治理的价值判断研究逐渐转向治理模式转型的研究，认为要实现治理方式的转型，就必须在制度建设、党的领导、政绩评价、社会组织培育等方面进行深化改革（孙培军和丁远朋，2015）。一些乐观的学者认为，运动式治理最终会随着行政资源的丰富和国家治理体系的完善而被淘汰，从而实行"新常态治理"。所谓新常态治理模式，其核心就是制度化和法制化，并逐步将治理中的权力导向转化为社会合作治理（黄其松，2015）。还有一些学者认为，运动式治理将以项目制等形式融合于现有的治理体系中，通过对其加以制度约束，在保留其治理效果的同时减少负面效应。

目前，对运动式治理的研究主要集中在运动式治理的价值评判和治理模式转型上。学界对运动式治理的合法性研究较为深入，这些研究为我们提供了借鉴。而对于运动式治理的决策及其执行过程研究则较少，或散见于政策分析、府际关系等方面的研究。例如，朱玉知（2012）用"政策执行悖论"研究运动式治理中的上下级政府之间的协同关系，并使用社会关系网络理论解释这种治理为何效果欠佳。然而综观相关文献，其研究资料依然偏少，相对不够系统。对于治理过程中的失效或反弹机制，通常局限于规范研究，缺少经验研究和实证。因此，本文在前人研究的启发基础上，运用案例研究方式，引入政策执行模型，尝试对这一问题进行更深一步的挖掘和论证。

三、案例引入：武汉的文明城市建设的过程和特点

全国文明城市是全国城市综合类评比中的最高荣誉。其含金量在我国所有城市荣誉称号中最高，对其他荣誉称号带有较强的囊括性。全国文明城市每三年评选一届，前两年进行年度测评，第三年进行综合测评，三年成绩按一定比例相加得出总成绩，依据总成绩确定全国文明城市名单。其中，第三年进行的检查工作则是重中之重。

参与评选的城市，除依照评分标准进行加权打分外，还设置了未成年人道德建设工作成效作为申报的前置条件；并且规定了在申报前 12 个月内无主要领导违纪违法，无重大政治、安全、刑事、环境事件等"一票否决机制"。在其评测体系中，引入了 9 大类共 100 个基本指标及 4 个特殊指标。基本能够反应城市建设各方面整体水平和精神文明水平。在测评方法上，

则采用材料审查、听取汇报、问卷调查、网络调查、实地考察等多种测评方式，根据具体指标选择一种或多种方法进行测评。

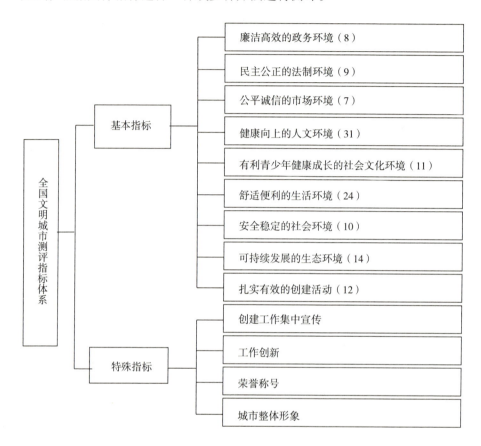

图1 全国文明城市测评指标体系

截至2017年，全国文明城市评选已进行四届。早在2000年，武汉就开始提出创建全国文明城市，并制订了冲击首届全国文明城市的基本工作思路。自首届以来，武汉市一直参与申报，至2015年成功入选第四届全国文明城市，其"创文"历程已逾15年。

2002年，武汉市被中央文明委授予"全国创建文明城市工作先进城市"称号，从而获得了参评全国文明城市的资格。2003年，武汉市正式开始了创建全国文明城市的历程。2006年，武汉市将创建全国文明城市纳入"十一五"发展规划，开展"四城同创"。2011年，武汉市以"城管革命"为抓手，开展了第三次全国文明城市创建。"城管革命"以改善市容市貌为主要内容，远期目标为提升城市管理水平。同时，作为配套工程武汉市在全市干部中开展治庸问责计划，对不作为的干部进行问责。

然而，在前三次全国文明城市评选中，武汉市均因"一票否决"机制而落选。成为全国副省级城市和省会城市中仅剩的 4 个尚未成为全国文明城市的城市之一。

在第四届全国文明城市评选中，武汉市在 2014 年 10 月即考评 3 个月前进入冲刺期，成立了由主管市委常委担任指挥长的全国文明城市创建指挥部，并于同年 10 月和 12 月两次召开了创建全国文明城市动员大会，对全市重点公共场所实行包点包片责任制，对重大项目进行逐一部署。同时，作为"城管革命"的延伸，在动员部署大会下发的《武汉市 2014 年创建全国文明城市工作责任追究办法（试行）》，列出了十种应当实施责任追究的情形，并与全市绩效管理、市管领导班子综合考评、治庸问责、文明城区和文明单位评选工作相结合。

在高强度创建工作后，2015 年 1 月 31 日，中央文明委对第四届全国文明城市候选名单进行公示，武汉市位列 6 个省会城市之首。2 月 28 日，中央文明委正式授予武汉"全国文明城市"称号。至此，武汉市共历时 15 年，本周期近 3 年的全国文明城市创建工作成功结束。

值得一提的是，在全国文明城市称号获得之后，武汉市随即在表彰大会上，重申"创建文明城市永远在路上"，同时下发武汉市《关于建立健全文明城市建设长效机制的实施意见（征求意见稿）》，从而"将武汉市文明城市建设推向新高度"。相关市领导也多次表态文明城市建设没有终点。市文明委在获评文明城市后也迅速制订了《武汉市文明城市建设十大工程2015 年行动计划》，并列出了时间表和路线图。

表 1　　　　　　　　　　武汉市城市文明建设部分长效机制

重点项目	具体措施
党风廉政建设	"三严三实"专题教育活动
社风民风建设	建立信用信息公共服务平台，将不文明行为纳入社会诚信记录

续表

重点项目	具体措施
文明建设	研究制定《武汉市文明行为促进条例》
典型表彰	建立城市荣誉制度；定期评选表彰功勋市民、模范市民、文明市民
陋习整治	规范文明出行；加强文明施工监督；落实"门前三包"
城市建设	取消街道的招商引资等经济发展任务；强化社会治理和公共服务职责；加大对街道社区的人员、经费等资源支持力度

然而，在全国文明城市创建工作攻坚阶段结束后，武汉市城市文明建设依然出现了反弹现象。

例如，武汉市在"创文"期间严查的未成年人上网、吸烟等情况在治理结束后重新出现；高空抛物、不文明施工现象都相比治理之前有所增加。

表 2　　　　　武汉市 2013—2016 年安全生产部分指标　　　单位：个

年份	2013	2014	2015	2016
总事故数	3726	3370	4233	3888
工亡事故数	49	42	53	62
死亡人数	418	408	417	408

相关统计指标的变化同样能够佐证治理效果出现反弹的观点。以作为文明城市评选重要指标（同时也是一票否决指标）的安全生产情况为例：武汉市于 2014 年底迎接考评，当年全市安全生产主要指标相较于 2013 年均有好转。然而在随后的 2015 年，工亡事故数量上升 26.1%，总事故数上升 25.6%，死亡人数上升 2.2%。2016 年总事故数和死亡人数虽有回落，但仍高于或持平 2014 年水平，工亡事故数则继续上升，相较 2014 年上升了 47.6%。

可见，武汉市文明城市建设成效出现了较为明显的倒 U 形曲线，说明武汉市在文明城市建设中提出的长效化机制依然走向了失效。

四、治理成效反弹的原因——基于政策执行的分析

运动式治理的效果必然要从政策执行方面加以衡量。本文运用范米特和范霍恩的政策执行模型，对上述案例加以考察，希望揭示出究竟是何种

原因使得政策决策的目标失效，进而探讨运动式治理走向反弹的内在逻辑范米特和范霍恩的政策执行模型中存在六大影响因素，因素之间的互动情况会影响执行绩效。本文在对模型进行修正之后，选用政策目标与标准、资源与激励、组织协同、治理环境四个角度分析案例。

（一）政策目标与标准：长期目标与短期标准的冲突

政策目标与标准对政策执行绩效的影响具有长期性和根本性。现有研究认为，运动式治理因其政策对象通常具有紧迫性和时效性，政策目标也往往注重短期效果。有学者就将运动式治理定义为一种重点治理过程（冯仕政，2011）。即使对于运动式治理持有限肯定观点的学者也承认，运动式治理具有非常规性，在具体行政中常出现一事一治，反复开展的情况。（刘开君，2017）

而在实务中，即便评判治理成功与否的标准具有短期性，也并不阻碍其政策目标具有长期性和战略性。以武汉市为例，武汉市将全国文明城市建设提升到建设国家中心城市，复兴大武汉的战略层面，将全国文明城市创建纳入经济社会发展总体规划，提出创建的最终目的不仅仅是为了捧回一块招牌，而是为了提升城市文明，进而改善民生。在创建成功后的表彰大会上发布《关于建立健全文明城市建设长效机制的实施意见》征求意见稿，说明尽管"创文"是一项带有明显时效性的工作，其政策绝非只瞄准短期目标。相反，政策制定者特别注重了政策目标的长期性，并试图构建一个具有可操作性的长期行动方案。

然而，这种长期性政策目标的实现与否却缺乏标准加以衡量：文明城市建设效果只能以中央文明办的检查、考评、打分才能具现化，而这种政策标准显然不具有持续性。对基层公务员和市民而言，更多的注意力必然放在短期政策标准上，而忽略了长期的政策目标。这种政策目标的长期性和政策标准的短期性冲突，直接导致了治理的不可持续。

（二）政策资源与激励：资源有限导致激励不足

治理目标的实现必然要求一定量的资源加以保障。作为一种非常规治理模式，运动式治理的经费、人力等物质资源相对较为丰富，然而这些物质资源的获取依然建立在领导干部的注意力和权威基础上。正因为领导干部高度重视，各治理层级才会对治理的效果、进度进行持续跟踪，对执行方式持续修正，务求促成治理目标的实现。武汉市在其"创文"过程中，仅在冲刺阶段就召开了两次动员部署大会，显示出市领导的高度重视。

对基层政府及其工作人员而言，完成创建全国文明城市任务动力并非自身工作责任感，而是上级政府和领导干部的压力。对基层干部而言，这一任务一旦执行不力，便会受到来自上级的批评甚至问责。武汉市早在动员会上就下发了《武汉市2014年创建全国文明城市工作责任追究办法（试行）》，对责任追究进行制度化和细致化，将"创文"责任落实到人，并与公务员、领导干部和各个单位的考评挂钩，进而影响领导干部评价和晋升。这样对基层公务员而言，这项工作就成了"逆水行舟"，必须加紧投入。因为在其他公务员加紧工作的情况下，一旦工作原地踏步，无疑会成为后进分子乃至治庸问责的对象。

如果哪个部门治理不好、履责不到位，将被严肃问责。小区空地上堆满垃圾，社区书记免职；工地扬尘污染，区建设局副局长被党内警告……依据《武汉市2014年创建全国文明城市工作责任追究办法》，目前全市共问责188人，其中处级干部8人。

而在激励方面，武汉市对基层工作人员主要采取干部示范、典型表彰手段，对工作完成较为出色的基层个人实行表彰与奖励。然而这种激励手段的劣势显而易见。由于是典型表彰，名额十分有限，并且为了兼顾市民积极性，将一部分表彰名额划给了积极参与的市民和志愿者，又进一步减少了公务员的表彰名额。而几乎整个公务员系统在治理中都处于高度紧张、高度投入的状态，工作成效显著者众多，要在其中脱颖而出必然要耗费大量的精力。

而对于基层公务员而言，城市文明建设就成了一项做好了难有奖励，做差了动辄受到批评乃至问责的工作。在治理时，出于对问责的恐惧，基层人员会高度紧张、加倍投入。然而这种高强度的治理周期不可能一直持续，一旦领导干部的注意力出现转移，或者治理运动转入低潮，这种对基层人员来说高投入、低产出的工作必然宣告结束，基层人员注意力和工作重心迅速发生转移，投入该项治理中的注意力资源可能更少于运动式治理开展之前。

（三）组织协同：临时机构的局限性

治理取得什么样的成效，无疑也取决于治理主体之间的协同。对文明城市建设这种规模大，范围广，涉及人员较多的治理活动，涉及组织既包括市直部门，也包括下属各区乃至街道。参与主体多、事务庞杂成了治理的主要难点，也对政府部门间的组织协同提出了较高要求。

武汉市"创文"工作中的组织协同主要通过设立指挥部实现。武汉市成立了由主管市委常委担任指挥长的武汉市创建全国文明城市指挥部（以下简称指挥部），并根据全国文明城市检查标准下设了9个工作组。其成员从原单位抽调并集中办公。这种带有明显项目制和自上而下任务分配特点的组织方式能够在短期内迅速集中人财物力，并对其他单位产生较强的强制力。指挥部在成立后便多次召开工作调度会和现场办公会，参会人员包括从市领导、区长直到街道办书记的各个层级官员。还由指挥部领导带头，成立督查组下沉到街道进行巡视，对具体问题进行检查督促。

然而，在公开网络上搜索结果显示，自2015年"创文"成功后，这一指挥部便再无活动报道。说明其应是不再单独设置常设机构，或已经撤销。

指挥部模式具有较强的强制力，通过领导的挂帅和高位协调，能够高效、迅速地指挥调动各区县和各部门快速行动，也不易出现多头指挥，推诿扯皮的现象。然而其缺陷也显而易见：这一机构具有高度的临时性，其领导由主管市领导兼任，成员由下属单位抽调而来，没有专职人员进行长期规划。抽调来的人员不可能长期在指挥部任职，难免在工作中注重短期政策标准，而忽视长期目标。因为其在工作告一段落之后必然会回到原单位任职，后续的政策执行情况基本不会影响到其职业发展和工作评价。一旦指挥部撤销或不再发挥实质性作用，治理模式便会迅速重新调整和还原，并且由于之前的治理成果，甚至可能诱使减少在该领域的治理投入，从而造成治理效果的反弹。

（四）治理环境：路径依赖导致治理失效

社会治理所涉及的外在环境和条件同样影响治理效果。武汉市在本轮城市治理运动开展之前，就已经多次开展了类似治理活动。自 2000 年开始着手准备创建全国文明城市以来，武汉市虽已历任 5 位市委书记，但创建工作从未停止，每轮全国文明城市评选时武汉市都进行了大量迎检工作，至 2015 年已是第四次迎检。此外，为了配合创建工作，武汉市还开展了"城管革命""治庸计划"等多次大规模配套治理。多次类似的治理模式事实上已经形成政策惯性和路径依赖。马宏光（2016）将这种多次反复开展的运动式治理总结为"运动式治理的常规化"。运动式治理一旦反复开展，治理主体便倾向于反复运用先前的治理方式，从而将运动式治理事实上变成一种低效率的科层化治理。驱动各治理主体采取行动的激励因素已不再是实现治理目标，而是完成上级交办的任务。

表 3 　　　　　　　　　　　武汉市近年进行的大规模社会治理

	年份	主要措施
全国文明城市创建（第一次）	2002—2003	全面淘汰"麻木"；"清洁武汉，美化家园"专项环境整治行动；大规模社区整治
"四城同创"	2006	将创建指标分解落实到人；诚信市场打假等十项重点整治
城管革命（同时进行第三次文明城市创建）	2011	渣土车专项整治；空中管线、油烟噪声重点整治
治庸问责	2011—2014	成立市治庸办；电视问政；三年间共处理问责 2735 人

反复开展的治理运动同样对市民和社会造成了思维惯性。无论这次以创建全国文明城市为抓手的城市治理是否形成了长效机制，治理对象都会倾向于认为这次治理与之前的历次治理运动一样，将随着政府治理重心的转移无疾而终。一些本已得到消灭的现象在治理强度稍有下降后便迅速死灰复燃。最终使得治理的边际效果随着开展次数的增加而递减。

五、结论

运动式治理的研究经历了多年的发展，学界形成了一个共识，即运动式治理从长期来看必然存在着治理效率的低下，从而必然面临着转型。然而，目前学界给出的转型方案，无论是法制化、制度化还是项目制，似乎都略显简单化和理论化。在我国目前的治理模式下，运动式集中治理的转型也绝非一朝一夕之功。因此，对运动式治理进行案例分析，梳理其运行中的机制与不足，或许能够对相关理论进行细化和补充，从而为后续研究提供一些思路。

从武汉市文明城市建设这一个案来看，导致治理失效的原因是多元的。通过使用范米特和范霍恩的政策执行系统模型分析案例，对其进行修正，并将其总结成了前述的四个方面，指出其失效是由以下四个矛盾导致的：一是治理政策制定中出现了长期目标与短期标准的矛盾；二是因为资源有限导致了规范和激励之间的矛盾；三是管理机构的临时性与治理目标的长期性之间的矛盾；四是反复开展的运动式治理和社会环境之间的矛盾。这些矛盾因素共同作用导致了武汉市文明城市建设整体效果出现了反弹。

这一案例也在一定程度上揭示了运动式治理中主体的偏好的脱节。在科层制治理结构根深蒂固的现实下，决策层往往希望通过治理结构的重新构筑，一扫长期以来的政策惯性和积弊。然而越到基层，却越倾向于运用现有的工具手段解决问题，治理的动力越来越少，效率也越来越低，从而出现了政策效果逐级递减，最终在基层出现趋于无效的情况。尽管在执行中，政府通过高层示范和高压监督试图化解这一难题，然而效果并不显著。

武汉市这一案例与国内多例城市治理运动具有相似性，应能作为类似案例的代表，然而这一案例在运动式治理研究中是否具有普遍性仍然是一个有待证明的问题。例如，同样的政策逻辑是否也能在农村地区或其他城市进行传导？当治理对象的范围扩大或缩小时，运动式治理成效及其影响因素又是否会随之变动？这些问题的回答还需要进行进一步的研究。

参考文献

［1］陈振明．公共政策分析［M］．北京：北京大学出版社，2006.

［2］威廉·N·邓恩．公共政策分析导论［M］．北京：中国人民大学出版社，2011.

［3］冯仕政. 中国国家运动的形成与变异：基于政体的整体性解释［J］. 开放时代，2011（1）.

［4］马红光. 运动式治理常规化的特征、原因及其后果——基于驻京办整顿的思考［J］. 理论导刊，2016（11）.

［5］周雪光. 运动型治理机制：中国国家治理的制度逻辑再思考［J］. 开放时代，2012（9）.

［6］朱玉知. 内嵌于社会关系网络中的政策执行——对"政策执行悖论"的一种理论阐释［J］. 学习与探索，2012（8）.

［7］姚金伟. 项目制与服务型政府转型：制度演化中的异化［J］. 中国行政管理，2016（9）.

［8］杨志军. 从非常规常态治理到新型常态治理［J］. 探索与争鸣，2016（7）.

［9］柏必成. 我国运动式治理的发生机制：一个宏观层面的分析框架［J］. 学习论坛，2016（7）.

［10］樊红敏，周勇振. 县域政府动员式社会治理模式及其制度化逻辑［J］. 中国行政管理，2016（7）.

［11］唐贤兴. 政策工具的选择与政府的社会动员能力——对"运动式治理"的一个解释［J］. 学习与探索，2009（3）.

［12］刘磊. 基层社会政策执行偏离的机制及其解释——以农村低保政策执行为例［J］. 湖北社会科学，2016（8）.

［13］张新文. 典型治理与项目治理：地方政府运动式治理模式探究［J］. 社会科学，2015（12）.

［14］张旺. 社会网络、交易与中国乡村社会治理——对河南周口市平坟运动的政治社会学分析［J］. 东岳论丛，2015（8）.

［15］文宏，崔铁. 矩阵式结构、网格化管理与多机制保障——运动式治理中的纵向府际合作实现［J］. 四川大学学报（哲学社会科学版），2015（3）.

［16］赖诗攀. 中国科层组织如何完成任务：一个研究述评［J］. 甘肃

行政学院学报，2015（2）.

［17］徐岩，范娜娜，陈那波. 合法性承载：对运动式治理及其转变的新解释——以 A 市 18 年创卫历程为例［J］. 公共行政评论，2015（2）.

［18］杨志军. 运动式治理悖论：常态治理的非常规化——基于网络"扫黄打非"运动分析［J］. 公共行政评论，2015（2）.

［19］孙培军，丁远朋. 国家治理机制转型研究——基于运动式治理的视角［J］. 江西师范大学学报（哲学社会科学版），2015（2）.

［20］朱亚鹏，刘云香. 制度环境、自由裁量权与中国社会政策执行——以 C 市城市低保政策执行为例［J］. 中山大学学报（社会科学版），2014（6）.

［21］曹龙虎. 国家治理中的"路径依赖"与"范式转换"：运动式治理再认识［J］. 学海，2014（3）.

［22］杨林霞. 近十年来国内运动式治理研究述评［J］. 理论导刊，2014（5）.

［23］倪星，原超. 地方政府的运动式治理是如何走向"常规化"的？——基于 S 市市监局"清无"专项行动的分析［J］. 公共行政评论，2014（2）.

［24］黄科. 运动式治理：基于国内研究文献的述评［J］. 中国行政管理，2013（10）.

［25］叶敏. 从政治运动到运动式治理——改革前后的动员政治及其理论解读［J］. 华中科技大学学报（社会科学版），2013（2）.

长江流域水污染治理模式新究

——基于整体控制、分段治理的研究视角

◎戴胜利　段　新

华中师范大学公共管理学院，湖北武汉，430079

摘　要： 通过梳理学界对流域水污染治理的已有研究成果，分析当前我国长江流域水污染的治理困境。从整体控制、分段治理的宏观视角出发，以长江流域九省二市在水污染治理上因利益分歧导致的水污染治理动力不足与协调障碍为微观落脚点，将长江流域水污染的治理以传统的地理分界线将长江分为上中下三游为基础，进行分段治理，提出未来我国长江流域九省二市的水污染分段治理的 P－IN－PR 模式，意在打破传统水污染治理中各省市在污水排放与治理上因政策博弈而导致的水污染协同治理的低效率甚至无效率状态，进而为当前乃至以后我国长江流域及其他流域的水污染治理提供良好的理论探索与智力支持。

关键词： 长江水污染　治理模式　整体控制　分段治理　P－IN－PR 模式

自 1978 年改革开放以来，我国经济建设取得了举世瞩目的成就，国内生产总值跃居全世界第二。然而，在经济建设取得举世瞩目的同时，我国的生态环境却遭受了严重破坏。为此，在 2012 年中共中央第十八次代表大

会上，中共中央首次提出将生态文明建设纳入五位一体的中国特色社会主义总体布局。[1]在2015年10月29日，中共中央十八届五中全会提出绿色发展理念，要求加快生态保护与修复工程[2]，2017年3月5日，国务院总理李克强在政府工作报告中强调要加大生态环境保护与治理力度，必须坚持科学施策、标本兼治、铁腕治理推进生态保护和建设，加紧推进长江经济带的生态修复工程，构筑可持续发展的绿色长城。[3]当前，我国正处在全面建成小康社会与实现两个一百年奋斗目标的关键时期，如何协调好经济发展与环境污染之间的关系，加大环境污染治理力度，满足人民群众对更高物质生活水平与更好的生态环境的需求是我们面临的重大课题。笔者在查阅当前我国的生态环境保护的文献及统计数据中发现，近几年来我国长江流域的水污染形势严峻，并且在制度运行上当前我国对长江流域的水污染治理的主体涉及从中央到地方各级政府与各个职能部门，各级政府与各个职能部门都或多或少地承担着对长江流域的水污染的相应治理责任。但是，由于缺乏统一的协调机制，使得各部门之间的利益难以协调统一，出现相互利益博弈格局，导致当前我国对长江流域的水污染治理总体呈现"九龙治水，越治越乱"的怪态。

基于此，本文试图通过站在国内外学者对流域水污染治理已有研究的肩膀上，基于当前我国长江流域水污染治理的现状，分析在新的历史条件下，如何破解当前我国长江流域水污染的治理困境。

一、文献述评

由于本文的研究主题是长江流域水污染治理模式，其从根本上涉及水污染治理、跨域治理与治理模式的构建这三大模块，因此，笔者从这三大方面对当前国内外学者的研究做了相应的梳理分析。

（一）水污染治理

当前国内外学者对于水污染治理的研究多从经济学、政治学和管理学和自然科学等视角进行深入细致的分析研究，并提出相应治理对策，例如，传统经济学理论对污染的成因及治理思路的分析有两个重要的思想渊源：

一是由庇古提出的外部性理论；二是科斯提出的产权理论及其在污染治理中的运用[4]。然而，在具体政策落实与执行上，例如，如何确定排污税的税率以及如何界定水污染产权，理论界并未给出详尽解答。李胜和陈晓春从行政博弈的角度分析了当前我国跨行政区流域水污染治理的政策博弈动因，并给出了相应的改进策略[5]；唐兵和杨旗从协同治理的视角分析了鄱阳湖水污染治理中存在的不足，从该湖泊水污染多元治理主体之间的合作，优化政府考核与激励机制，建立符合湖泊水污染治理特性的管理机构和机制，加强湖泊水污染治理的信息平台建等方面给出了具体的改进策略[6]；黄溶冰和赵谦从环境审计角度通过府际治理与政策规制的耦合，提出了太湖水污染治理的实现机制与政策创新。[7] 黄雪娇和杨冲等从生物学视角分析了光和细菌在水污染治理研究中的进展。[8] 这些研究分析拓展了人们对水污染治理的认识，丰富了我国水污染治理的理论内涵，增加了我国水污实际治理的手段与工具。

（二）跨域治理

水污染类型各异，从空间位置的角度来看，主要可分为跨行政区域的水污染与不跨行政区域的水污染。当前，我国对水污染的治理多采用属地化管理模式，然而，流域水污染的治理不仅涉及上游、中游以及下游的水污染状况，更涉及流域内不同区域的地方政府之间的利益博弈。流域是一个空间整体性极强、关联度很高的区域，流域内不仅各自然要素间联系极为密切，而且上中下游之间、干支流之间相互制约、相互影响极其显著。长江流域水污染治理涉及九省二市，各地方政府既倾向于实现地方利益最大化，又着实缺乏污染治理的有效激励机制，污染治理更为艰难，因而长江流域水污染治理呈现久治不愈的低效率状态。鉴于此，跨域治理逐步得到发展。然而，关于何为跨域治理，国内外学者尚未取得统一共识，经过梳理分析，主要有如下观点：张成福等人认为跨域治理是指两个或两个以上的治理主体，包括政府、企业、非政府组织和市民社会，基于对公共利益和公共价值的追求，共同参与公共事务的过程[9]；丁煌等人认为跨域治理是为了应对跨区域、跨部门、跨领域的社会公共事务和公共问题，由政府、私人部门、非营利组织、社会公众等治理主体携手合作，建立伙伴关系，综合运用法律规章、公共政策、行业规范、对话协商等治理工具，共同发挥治理作用的持续过程。[10]由此可以看出跨域治理重在扩大并协调不同的治理主体，构建平台与保障机制，使各治理主体能够发挥所长，共同参与污染治理。

（三）跨域治理的模式探讨

张成福等人认为跨域治理的基本模式包括中央政府主导模式、平行区域协调模式以及多元驱动网络模式，且随着时间的推移，跨域治理呈现出中央政府主导作用式微，以及出现从府际合作、公私合作到全方位合作不断拓展深化的趋势[11]；丁煌等人认为各治理主体为实现跨域治理需要建立一种新型的伙伴关系，进而发挥各自的特长和优势，协调一致，共同行动，形成资源共享、责任共担、协力治理的良好局面[12]；赵来军等人运用博弈手段分析了非畅游流域水污染治理的指令配额流域管理模型、合作协调模型、税收宏观调控模型以及排污权交易宏观调控模型的各自优势及适用条件，提出在解决跨域水污染治理纠纷中，具体选择哪一种模型须明确其适用条件及影响因素与实际情况是否相匹配。[13]

现今，学界对世界各主要国家的流域水污染治理模式及我国各省市的流域水污染治理模式都进行了充分的研究。例如，杨选认为在水污染治理上，日本采用的是包括对污染排放进行抽查、提高污水处理与利用率等措施在内的强制性治理模式，美国采用的是致力于恢复生态环境的流域性水生态治理模式，我国上海则是在治理的基础上，深挖流域历史文化内涵，形成水文化景观的景观性水污染治理模式，杨选据此提出武汉水治理应该注重综合水生态、水质量、水文化、水经济、水景观、水安全，进而发挥水资源的经济效益、社会效益以及环境效益[14]；肖文等人认为广东省在水污染治理上取得成效的关键在于构建了新的治理机制，一是包括人大与社会公众在内的监督机制，二是建立部门监管、企业自律与社会监督相结合的监管机制，三是包括科学整治、精细化管理、增加筹资、绩效考核以及风险管理在内的新治理机制，四是包括项目限批、严格污染排放标准等在内的准入与淘汰机制[15]；曲昭仲等人分析了浙江省的流域水污染的成因及其治理创新，研究认为"异地补偿性开发"政策在浙江省的有效实践使得浙江省流域水污染得到了有效治理。因此，得出各地方政府可通过自主协商和横向的资源转移来推动流域水环境的改善。刘超等人从时效性、经济性与效益型比较分析了常规的"源头控制—沿途削减—末端治理"水污染治理治理模式，以及其建议的"末端治理—沿途削减—源头控制"模式，认为该模式能在较短时间内保证跨界出水效果[17]；易志斌认为跨界水污染的复杂性产生了网络治理模式的需求，据此提出以经济发展和水环境容量协调为目标，构建政府、企业、非政府组织、公众等多元主体参与的治理模式[18]；吴坚认为应构建以协商为基础、以政府为主导的区域多中心跨界水污染治理体系，包括设立统一权威管理部门、促进区域协调组织与民间环保组织的参与、制定完善的法律规范体系以及完善监督预警机制等措施。[19]

由于水污染的成因复杂，再加上由于跨行政区域，导致当前我国的跨域水污染问题因其形成机理复杂、牵涉面广泛、利益协调困难、治理难度较大、现实意义重大和影响深远等特点而得到国内外学者的高度关注。近年来，对跨域水污染治理的概念、基本模式、运行机理以及案例分析等方面的研究不断涌现。然而，现有关于跨域水污染治理的研究仍存在诸多不足。本文认为，当前我国长江流域水污染治理的重要主体是长江流域的九省二市，如何构建整个长江流域水污染治理的新模式，使其能够有力协调九省二市的省级地方政府积极参与长江流域的水污染治理是突破当前我国长江流域水污染治理困境的重中之重。因此，本文致力于在梳理国内外学者关于流域水污染治理的现有研究基础上，从治理好整个长江流域的水污染问题高度出发，具体分析长江流域水污染治理困境，构建"九省二市"的协作治理机制，达到长江流域各地方政府的有效协作，进而实现整个长江流域水污染的有效治理目标。即一方面将水污染治理的研究方向由地方政府局部扩散至流域的整体，由阶段性治理的静态研究拓展到实时动态的治理研究；另一方面致力于提升流域水污染治理的可操作性与可推广性，从而为长江流域水污染治理提供更为切实可行的治理方案，为我国其他流域的水污染治理提供一种可资借鉴的参考模式。

二、概念界定与研究前提

（一）概念界定

本文的研究重点是跨域水污染治理模式。因此，理解跨域治理的概念与基本内涵，是研究跨域治理的逻辑起点[20]，对何为治理模式的深刻洞察与总结是研究治理的最终归宿，对跨域染治理模式研究视角的选择是该治理模式能否有效运作的关键。首先，跨流域，本文特指跨长江流域，主要是指整个长江流域的上海、江苏、浙江、安徽、江西、湖北、湖南、重庆、四川、云南和贵州这九省二市。其次，水污染是指因流域内工业与生活污水的排放而导致的水质下降现象。再次，就何为治理而言，目前学术界并没有做出统一的概念界定，但是，笔者认为其本质是指政府、企业、社会、个人等多元主体通过平等与友好协商，对普遍关心的社会公共事务，提出治理对策并执行的过程。本文的治理主体主要是指整个长江流域的 11 大省（直辖市）级政府，然后，就治理模式而言，笔者认为，治理模式是指解决某种问题的方法论，即它是人们通过分析问题的现象、剖析问题的本质而得出的解决该种问题的方法，且该种方法带有一定的抽象性、普遍性及可推广性。最后，就研究视角的选择而言，国内外学者对流域水污染治理的研究视角纷繁复杂，各不相同。本文从利益分析视角出发，化繁为简，提出我国长江流域水污染治理新模式。

总之，本文中所指的我国长江流域水污染治理的新模式是指从整体把控、分段治理的宏观视角出发，以长江流域的上中下三游为基础将长江流域分为三段并进行三段治理，以长江流域各段省（直辖市）级政府在水污染治理上因利益分歧导致的水污染治理动力不足与协调障碍为微观落脚点，目的在于打破传统流域水污染治理因行政区划、地理分割、产业结构差异等原因导致的各级政府在水污染治理的低效率或无效率状态。

（二）研究前提

结合当前我国长江流域水污染的严峻现实与国内外学者对于跨流域水污染的治理困境及其解决的分析。笔者认为，当前我国长江流域水污染治理总体呈现低效率甚至无效率状态的根本原因在于长江流域九省二市的 11 大省（直辖市）级政府在是否采取有力措施对长江流域水污染进行治理上的相互博弈，即长江流域内水污染治理涉及沿线的 11 个省（直辖市）级政府，由于涉及的治理主体之多与信息的不对称，11 大省（直辖市）级政府彼此之间在水污染治理上均存在想"搭便车"又害怕被"搭便车"心理，进而导致它们在长江流域水污染治理上的不作为与懒作为。为此，笔者提出如下基本研究前提。

前提 1：长江流域水污染的严峻现实，是由长江流域的九省二市的 11 大省（直辖市）级政府在污水治理上的无作为导致的。

前提 2：长江流域的九省二市的 11 大省（直辖市）级政府均是理性人，在水污染治理上均存在着想"搭便车"与害怕其他省市"搭便车"心理。

前提 3：长江流域长江流域的九省二市的 11 大省（直辖市）级政府对长江流域水污染现状的应对策略是要么采取措施治理，要么不治理。

前提 4：长江流域的九省二市的 11 大省（直辖市）级政府只要愿意同时采取协调一致的措施就能对长江流域的水污染进行有效治理。

三、治理困境分析

针对以上研究前提，笔者尝试研究分析当前我国长江流域水污染治理困境，对其进行深刻把握与度量，以期学术界及长江流域九省二市对当前我国长江流域水污染治理的困境有更深刻的理解。

设"长江流域水污染有得到效治理"为事件 A，引起事件 A 的原因为样本空间 Ω，长江流域九省二市分别用 B；C；D；E；F；G；H；I；J；K；L 表示。长江流域九省二市，各省市对污水采取治理措施与不采取措施分别为事件 B1；B2；C1；C2 …L1；L2，事件 B1；B2… L1；L2，构成全部的样本空间 Ω。

由上文中的研究假设 3，可知 P（B1）$=\dfrac{1}{2}$；P（B2）$=\dfrac{1}{2}\cdots$

P（L2）$=\dfrac{1}{2}$

则，"长江流域水污染得到有效治理"事件 A 的概率：

$$P（A）=P（B1）\times P（C1）\times\cdots P（L1）=\left(\dfrac{1}{2}\right)^{11}=\dfrac{1}{2048}\approx0.0488\%。$$

因此，我们可以认为，长江流域九省二市的 11 大省（直辖市）级政府协调一致的政策措施，使得长江流域水污染得到效治理的可能性（约为 0.0488%）是极低的。

四、模式设计

（一）宏观治理：整体控制分段治理模式

基于当前国内外学者对跨流域水污染治理的研究分析，以及上文中笔者对当前我国长江流域水污染治理困境的解析，笔者认为，打破当前我国长江流域水污染治理困境的思考重点在于如何能够使得长江流域九省二市的 11 大省（直辖市）级政府采取协调一致的政策措施去治理水污染？为此，笔者认为需要从如何破解流域内 11 大治理主体不愿治理以及如何打破治理中的协调困境这两方面入手。基于此，笔者设计了整体把控、分段治理的宏观治理模式与 P – IN PR 的微观治理模式，以期能为当前及未来我国长江流域水污染的治理提供一种新的治理视角，图 1 为整体控制、分段治理的宏观治理模式图，具体分析如下。

资料来源：作者自制。

图 1　整体控制、分段治理模式

整体控制、分段治理的模式设计：长江流域覆盖上海、江苏、浙江、安徽、江西、湖北、湖南、重庆、四川、云南、贵州 11 个省市，面积约 205 万平方公里，流域面积之广，涉及省市之多，各省市在经济发展水平、产业结构、人文地理等方面的差异决定了流域内各省市协调一致共同治理长江流域水污染的难度之大。马克思主义唯物辩证法中整体与部分关系认为，整体与部分相互依赖，互为存在和发展的前提。整体由部分组成，离开了部分，整体就不能存在，整体对部分起支配、统率、决定作用，协调各部分向着统一的方向发展，部分的变化也会影响到整体的变化。为此，笔者认为，在对长江流域水污染进行治理时，一方面要将整个长江流域作为一个整体，进行系统规划、统一治理；另一方面为避免因长江流域域面积之广、涉及省市之多而造成的各省市之间的协调困境，有必要对整个长江流域进行分段治理，以实现 1 + 1 > 2 的整合效应。

整体控制就是由于长江流域横跨九省二市，要想提高整个长江流域的水污染治理效率，避免条块冲突，其根本着力点在于各省份要打破集体行动的困境，意识到整体利益大于局部利益。因此，必须将整个长江流域作为一个整体，进行统一规划、系统治理，明确各省份在污水排放与污水处理上的权责分配，这就要求建立整个长江流域水污染治理的统一平台，通过该平台，长江流域九省二市彼此通过平等协商，达成具有约束力的协议去规定各省份在水污染治理上的权责分配。由各省份的自然地理与产业结构上迥异导致各省份在水污染治理动机上存在强弱区分，污水处理与排放份额的划分上难免存在推诿扯皮。因此，本文的初步设想是通过中央政府这一外在支持力，支持、鼓励与强制长江流域九省二市通过平等协调，组织成立整个长江流域水污染治理的平台——长江流域水污染治理委员会。长江流域水污染治理委员会的三大组织构成分别为长江流域水污染治理委员会第一分会、第二分会、第三分会，分别协调长江流域各段省（直辖市）级政府，其主要功能就是对整个长江流域水污染治理进行统一规划预协调，并对长江流域各段污水治理情况进行监督。

分段治理就是按照长江的上、中、下三游，将长江流域内各省市分为三段（部分）：云南、四川、重庆、贵州为第一段（上游），湖北、湖南、江西为第二段（中游），安徽、江苏、浙江、上海为第三段（下游），如图2所示；各段内省市政府进行协调治理，避免因整个长江流域面积之广、涉及的省市之多，而造成协调困境。

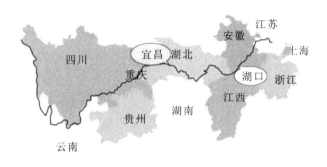

资料来源：作者自制。

图2 长江流域

（二）微观治理：分段治理的 P – IN PR 模式

上文中笔者提出整体控制，分段治理的宏观治理模式，通过中央政府的支持与长江流域九省二市的平等协商，设立了长江流域水污染治理委员会，对整个长江流域进行整体控制并分为三段治理。下面，笔者将以长江流域第三段（下游）为例，从流域内各省市在水污染治理上因利益分歧导致的水污染治理动力不足与协调障碍为微观落脚点，提出分段治理的微观治理 P – IN PR 模式。具体分析如下：

本文受经济人假设、科斯定理、庇古提出的外部性理论与亚洲基础设施投资银行的发起过程与治理结构的启发，以长江流域第三段（下游）在水污染治理上因利益分歧导致的水污染治理动力不足与协调障碍为切入点，通过理论创新，提出了长江流域水污染分段治理微观治理模式，即一大平台，四大机制，分别是治理平台、投入机制、享用机制、惩罚机制、奖励机制。这一大平台，四大机制构成长江流域水污染分段微观治理的全部内容。需要指出的是，本文关于长江流域水污染治理模式研究设计的最终目的在于打破传统流域水污染治理中常出现的因徒困境，避免长江流域各省市在水污染治理上的相互博弈、推诿扯皮与"搭便车"效应，进而保障长江流域水污染治理的有效进行。

首先，治理模式的平台设计：长江流域（第三段）下游横跨安徽、江苏、浙江、上海 3 省 1 市，要想提高整个长江流域第三段的水污染治理效率，避免治理协调障碍，这就要求建立整个长江流域第三段（下游）水污染治理的统一沟通协商平台，即长江流域水污染治理第三段分会。

通过该平台，长江第三段（下游）各省市彼此通过平等协商，达成具有约束力的协议去规定各省份在水污染治理上的权责分配。长江流域第三段（下游）水污染治理的平台——长江流域水污染治理委员会第三分会。该治理平台主要有四大机制：投入机制、享用机制、惩罚机制、奖励机制，即通过平等协商，科学合理划分市的污水排放份额与污水处理份额，对排放份额超标（污水处理份额不达标）的省市进行惩罚，对排放份额没超标（污水处理份额超标）的省市进行奖励。

其次，治理平台的投入功能设计：本文所指的长江流域第三段（下游）水污染治理平台的投入功能设计是指明确长江流域第三段（下游）3 省 1 市在污水排放上的份额。由各治理主体在经济发展水平、产业结构、自然地理位置等方面存在较大差异，学术界、理论界对如何确定跨流域中各治理主体在污染排放上的份额划分上存在较大争议，并未取得统一共识。因此，从科学研究的科学性、严谨性出发，笔者在广泛征求相关领域专家的基础上，决定以某年度长江流域第三段（下游）各省市的实际污水排放量与 3 省 1 市的污水排放总量为基础，将安徽、江苏、浙江、上海污水排放上的份额划分，分别确定为 $\frac{1}{a1}$、$\frac{1}{a2}$、$\frac{1}{a3}$、$\frac{1}{a4}$。其中 $\sum\limits_{a=1}^{4}\frac{1}{a}=1$。各省市以此为基础，制订该省本年度的污水排放计划。

再次，治理平台的享用功能设计：本文所指的长江流域水污染治理平台的享用功能设计是指确定长江流域第三段（下游）各省市在污水处理上的份额，由各治理主体在经济发展水平、产业结构、科技水平、自然地理位置等方面存在较大差异，学术界、理论界对如何确定跨流域中各治理主体在污染处理上的份额划分上存在较大争议，并未取得统一共识。因此，从科学研究的科学性、严谨性出发，笔者在广泛征求相关领域专家的基础上，以某年度长江流域各省市的实际污水处理量与九省二市的污水处理总量为基础，将安徽、江苏、浙江、上海 3 省 1 市在污水处理上的份额划分，分别确定为 $\frac{1}{b1}\cdots\frac{1}{b4}$。其中，$\sum_{b=1}^{4}\frac{1}{b}=1$。各省市以此为基础，制订该省本年度的污水处理计划。

最后，治理平台的惩罚与奖励机制设计：由于我国长江流域水污染形势严峻，旧的水污染问题在不断积累，新的水污染问题频发，因此，并非一朝一夕就可彻底根治长江流域九省二市的水污染问题。查阅相关统计数据可知，当前由于各省市在经济结构、科技水平、水污染治理资金投入上均面临较大压力。因此，各省市的年度的污水处理量大于污染排放量上面临较大困难。为此，笔者从实际出发将长江流域水污染治理平台的惩罚功能设计为：假定安徽、江苏、浙江、上海 3 省 1 市本年度较上年度的污水排放份额增速分别为 $\frac{1}{c1}\cdots\frac{1}{c4}$，长江流域九省二市污水处理份额本年度较上年度的增速分别为 $\frac{1}{d1}\cdots\frac{1}{d4}$。因此，本年度较上年度长江流域第三段（下游）3 省 1 市的污水处理份额增速与本年度较上年度的污水排放份额增速之差分别为 $\frac{1}{e1}\cdots\frac{1}{e4}$。只要安徽、江苏、浙江、上海 3 省 1 市本年度较上年度污水处理份额增速大于本年度较上年度的污水排放份额增速，那么整个长江流域第三段（下游）的水质就呈现改善趋势。为确保长江流域第三段（下游）的水质呈现改善趋势，并一直改善下去，需要对本年度较上年度污水处理份额增速小于（大于）本年度较上年度污水排放份额增速的省市进行惩罚（奖励），即 $\frac{1}{ei}<0$ 时惩罚，$\frac{1}{ei}>0$ 时奖励，其中 $i=1$、2、3、4。由于国内外学者对污水处理的转移支付研究各异，长江流域各省市在经济发展、产业结构、科技实力等方面均差异较大。因此，笔者在对当前长江流域水污染治理的模式研究中，当各省市的本年度较上年度污水处理份额增速与本年度较上年度污水排放份额增速之差为正的百分之一或负的百分之一时，该奖励或惩罚多少资金额度还未完全厘清。

为增强研究的科学性，设当各省市的本年度较上年度污水处理份额增速与本年度较上年度污水排放份额增速之差为正的百分之一时奖励资金为 n，当各省市的本年度较上年度污水处理份额增速与本年度较上年度污水排放份额增速之差为负的百分之一时惩罚资金为 m。奖励资金为 H，惩罚资金为 J。

奖励资金　$H = n \times \left(\dfrac{1}{ci} - \dfrac{1}{di} \right) = \dfrac{n}{ei}$

惩罚资金　$J = m \times \left(\dfrac{1}{di} - \dfrac{1}{ci} \right) = \dfrac{m}{ei}$

以此为基础对长江流域第三段（下游）3 省 1 市进行奖励或惩罚，惩罚资金上缴长江流域水污染治理委员会第三分会支付，奖励资金由长江流域水污染治理委员会第三分会拨付。

基于以上分析笔者绘制了分段微观治理的 P－IN－PR 模式运行图（见图 3）。

资料来源：作者自制。

图 3　分段微观治理 P－IN－PR 模式

五、结语

本文试图通过理论创新，梳理国内外关于流域水污染治理的相关理论研究，分析当前我国长江流域水污染治理的现实困境，并以经济利益为切入点，从宏观与微观两方面提出我国长江流域水污染治理模式的研究设计，即宏观上确立整体控制、分段治理的治理思路，微观上落实如何进行分段治理，以期打破笔者在上文分析的当前我国长江流域水污染的治理现实困境，促使整个长江流域九省二市采取一致措施共同治理长江流域水污染。

但是，任何一种政府治理范式都是由人构建的属于思想的社会关系范畴[21]，因此，这并不意味着人们可以随心所欲地实施构建行为[22]，笔者提出的关于长江流域水污染治理的新模式也不例外，在某种程度上这种流域水污染治理的新模式更多的是一种理论创新。因此，其瑕疵在所难免，在理论改进与具体执行操作环节还需学界彼此之间加强交流、相互探讨，以期对其进行不断地改进与完善。

参考文献

［1］胡锦涛．中国共产党第十八次全国代表大会文件汇编［M］．北京：人民出版社，2012．

［2］习近平．中国共产党第十八届五中全会中央委员会第五次全体会议文件汇编［M］．北京：人民出版社，2015．

［3］李克强．政府工作报告：2017年3月5日在第十一届全国人民代表大会第三次会议上［R］．北京：人民出版社，2017．

［4］孙泽生，曲昭仲．流域水污染成因及其治理的经济分析［J］．经济问题，2008（3）．

［5］李胜，陈晓春．跨行政区流域水污染治理的政策博弈及启示［J］．湖南大学学报（社会科学版），2010（1）．

［6］唐兵，杨旗．协同视角下的湖泊水污染治理——以鄱阳湖水污染治理为例［J］．理论探索，2014（5）．

［7］黄溶冰，赵谦．环境审计在太湖水污染治理中的实现机制与路径创新［J］．中国软科学，2010（3）．

［8］黄雪娇，杨冲，罗雅学等．光合细菌在水污染治理中的研究进展［J］．中国生物工程杂志，2014（11）．

［9］［11］［20］张成福，李昊城，边晓慧．跨域治理：模式、机制与困境［J］．中国行政管理，2012（3）．

［10］［12］丁煌，叶汉雄．论跨域治理多元主体间伙伴关系的构建［J］．南京社会科学，2013（1）．

[13] 赵来军，朱道立，李怀祖. 非畅流流域跨界水污染纠纷管理模型研究 [J]. 管理科学学报，2006（4）.

[14] 杨选. 国内外典型水治理模式及对武汉水治理的借鉴 [J]. 长江流域资源与环境，2007（9）.

[15] 肖文，吕小明. 创新水污染治理模式改善重污染河流水质 [J]. 环境与可持续发展，2016（4）.

[16] 曲昭仲，陈伟民，孙泽生. 异地补偿性开发：水污染治理的经济性分析 [J]. 生产力研究，2009（11）.

[17] 刘超，虢清伟，王劲松等. 珠三角地区跨界河流水污染治理模式探讨——以惠州市新圩镇"三河"治理为例 [J]. 环境科技，2013（3）.

[18] 易志斌. 跨界水污染的网络治理模式研究 [J]. 生态经济，2012（11）.

[19] 吴坚. 跨界水污染多中心治理模式探索——以长三角地区为例 [J]. 开发研究，2010（2）.

[21] 列宁选集（第 1 卷）[M]. 北京：人民出版社，1960：80.

[22] 张立荣，冷向明. 当代中国政府治理范式的变迁机理与革新进路 [J]. 华中师范大学学报（人文社会科学版），2007（3）.

项目制运作下的沉陷区治理逻辑与症结
——基于L镇个案分析

◎韩瑞波

武汉大学政治与公共管理学院，湖北武汉，430072

摘　要：基于X市L镇的田野观察表明：在采煤沉陷区治理中，乡镇政府与企业分别肩负着治理的职责。前者是以开发现代农业项目为导向的开发型治理；后者是侧重于为企业内部职工提供福利的补偿型治理。这两种治理形式都是围绕项目制运作而展开的。L镇的经验得知，L镇的开发型治理凭借对现代农业项目的开发与运作而生发的资源再分配已成为重塑乡村治理结构的一种有效工具，以此回应沉陷区治理的要求，但在一定程度上侵害了失地农民的利益。就X市煤矿的补偿型治理而言，"项目制运作"导致了农民的利益分化与派别分立，结果酿成对失地农民的空间和利益排斥，这是项目制"技术理性"不足的体现，也是沉陷区治理的矛盾症结。

关键词：项目制　沉陷区治理　乡镇政府　开发型治理　补偿型治理

采煤沉陷区作为煤炭资源型城市特有的一种生态特征，具有其独特的治理需求。近年来，沉陷区治理已成为一项严峻的经济社会问题而备受关注。国家发展改革委于 2004 年 6 月 18 日发布了《关于加快开展采煤沉陷区治理工作的通知》，其中提到，"由于历史遗留的采煤沉陷区范围广、破坏严重，不仅给沉陷区居民生活带来困难，威胁到部分居民生命财产安全，而且经常引发群体性事件影响社会安定，党中央和国务院领导对采煤沉陷区治理工作十分重视"。此后，相关法律也陆续出台，如《土地复垦条例》及其实施办法对采矿企业的土地复垦等恢复责任作出了详细规定。总之，沉陷区治理是转型期间必须面临的治理难题之一。此外，基层政权由于各自处于不同的社会背景，具有不同的治理资源而呈现出不同的特征。沉陷区治理中诸多力量和利益的碰撞与交织呈现出的剧场效应，基层政府、企业与农民之间的关系交织与利益博弈表明了沉陷区治理的复杂面向。本文所展现的是个案中各方主体之间的政治实态，着眼于其行为逻辑，来把握沉陷区治理的逻辑及其症结。

一、文献回顾与研究视角

当前，学界关于沉陷区治理的研究多集中于工程学、地质学、环境学、经济学等领域，政治学、社会学方面的研究甚少。由于沉陷区治理与基层治理在空间上的交叉与叠合，可以将其视为基层治理的一种样态，因此，对沉陷区治理的研究应追溯到基层治理研究中来探寻相关的知识脉络，其中，政企关系及其各自的角色定位始终都是学界研究的重点内容。

（一）基层治理的政企关系及其角色定位

学界关于政企之间庇护制的研究由来已久。计划经济时期，由于政企不分，政府与企业之间呈现出一种"父爱主义"关系，科尔内（Janos·Kornai）称其为"软预算约束"的弊端，即国家不得不以税收、补贴、信贷、价格等措施对国有企业进行庇护。[1]进入 20 世纪 80 年代，伴随乡镇企业的兴起，乡镇政府和乡镇企业的关系逐渐成为该领域的研究重心。"经营企业"成为地方政府的参与竞争的首要选择，同时也成为经济增长的主要推动力量。戴慕珍（Jean C. Oi）提出了"地方政府公司主义"概念，以此概括地方政府的行为逻辑与政府和企业之间的特殊关系。乡镇政府积极通过各种方式"放水养鱼"，它们或者直接举办和管理乡镇企业，或者通过庇护手段来支持"戴帽"企业的发展。[2]借助于地方政府的扶持和庇护，乡镇企业得到迅速发展。

在这里，地方政府扮演的是"工业厂商"[3]的角色。诸多学者从不同的理论视角对乡镇政府的这种角色定位予以解释，例如，怀婷（Susan H. Whiting）运用经济学中的委托—代理理论讨论了乡镇政府发展乡镇企业的制度效应[4]；邱泽奇从乡镇政府对非约束性的组织运作扩展费用的追求角度探讨乡镇政府介入乡镇企业的动机[5]；刘世定等人从财政激励的角度认为政府预算约束迫使乡镇政府不得不在体制之外寻找可支配的财政来源。[6]以上观点无不聚焦于作为"工业厂商"的乡镇政府对于乡镇企业发展的意义。还有学者认为，地方政府主动或被动担负"厂商"角色源于政府内部"压力型体制"[7]"政治承包制"[8]"锦标赛体制"[9]"行政发包制"[10]等体制性施压。

（二）本文的研究视角

以上学者的讨论为本文的个案研究提供了丰富的理论资源。然而，本文是基于"项目制运作"这一场域对乡镇政府和企业的行为逻辑进行透视，分析沉陷区治理的内在机理。首先，在后税费时代，"项目治国"[11]已然成为研究中西部地区农村基层政府行为的重要制度背景。自税费改革以来，由于作为农村公共品供给主要财政来源的农业税费被取消，导致乡镇政府财政上趋于"空壳化"，政权上日益"悬浮化"。[12]一方面，当中央希望借助于税费改革这种方式对乡镇政府进行新一轮"倒逼"的时候，作为一个具有自身利益的行为体而言，乡镇政府不得不采取相应的行动来回应来自上层的压力。[13]其结果就是，乡镇政府的治理职能的履行与自身运转更加依附上级，农村公共品供给职能的上移与国家财政转移支付的力度的增加重塑了乡镇的行为模式。另一方面，市场经济背景下城镇化的迅速推进敞开了农村市场的大门，基层政府大规模的招商引资将资本带入乡村社会，"资本下乡"[14]的进程也改变着乡镇政府治理思维，过去以行政手段为主的治理方式已无法适应市场化的需求，只要探索出一条更为有效的治理方式才可摆脱"悬浮"的窘境。

当前，中央财政转移支付与地方政府大力承接招商引资都是以项目的形式进行运作的。[15]近些年，对项目运作过程、机制及其影响等一系列相关问题的考察，贯穿于基层治理的方方面面。本文之所以选择"项目制"的视角，还在于笔者研究的个案有太多"项目制"的影子。可以说，项目运作成为一条主线贯穿于沉陷区治理的始终，从中折射出基层治理的政治生态的同时，也为我们研究沉陷区治理提供了很好的切入点。

在对主题展开论述之前，有必要对本文的研究对象及所使用的材料来源进行简要说明。L 镇作为本研究所选取的个案镇，是我国中部地区的一个农业型乡镇。L 镇地处百里河以南，X 市煤矿以西，南至洛河界，西与 X 县接壤，区域面积为 65 平方公里。下辖 14 个村委会和居委会（以下简称村居），其中村改居 2 个（邓王庄和中旺村）（见表 1），总人口为 34000 人，耕地面积为 22000 亩。笔者之所以能够进入 L 镇顺利展开调研，得益于一位家人在 L 镇政府任职。借此优越的条件，笔者于 2017 年 6 月利用暑假返乡的机会对 L 镇进行了深入的专题访谈。基于学术研究的惯例，本文对相关的地名、人名都做了技术化处理。同时对于文中出现的相关个案、事例若未做特别说明，皆来自笔者的田野观察。

表 1　　　　　　　　　　　**L 镇行政区划**

镇办事处名称	镇办事处驻地	辖村（居）民委员会名称	辖村（居）民委员会个数
L 镇	L 村社区	L 村社区、邓王庄社区、西北旺村、中旺村、东前旺村、西前旺村、后旺村、伍仲村、洛河三村（洛河东、洛河西、洛河北）、千户村、千明村、旺客村	2（居）12（村）

资料来源：笔者根据《2016 年 X 市 T 区国民经济和社会发展统计资料》自行整理。

二、沉陷区治理的两种模式

L 镇紧邻 X 市煤矿，即光明能源 X 市矿业集团有限责任公司，是光明能源集团全资子公司，前身为原 X 市矿务局，成立于 1973 年，是原煤炭工业部直属的近百家国有大型煤炭企业之一。因 X 市煤矿多年采煤，开采范围逐年向周边村居进行拓展，导致 L 镇大部分辖区出现不同程度的沉陷，沉陷区域逐年扩大，目前涉及行政村 11 个，沉陷面积 16000 余亩。大面积的沉陷土地已成为制约该镇经济发展的主要因素。

（一）开发型治理：L 镇政府的招商引资

在与分管招商引资和项目建设的 L 镇政府人大主席老冀的访谈中，当笔者问及近些年 L 镇的经济发展状况时，他对此表现出深深的焦虑。

"X 市煤矿的长年采煤，出现地面大范围沉陷。煤矿的效益这些年跟过去没法儿比了。煤炭资源濒临匮乏，已经没什么发展空间了。再加上国家现在要求限产限能，对煤炭行业发展的管制越来越严格。近几年 T 区政府又特别重视环境污染问题，大力落实减煤增绿等一系列环保政策，要求乡镇政府必须完成环境治理的指标任务，现在已经取缔了很多污染企业。效益不好，工人的收入又大大减少，辞职和下岗工人越来越多，还有很多出去打工的。购买力降低，消费群体不断缩减，服务业怎么可能发展得起来。而且土地规划部门不允许在沉陷区建设工业项目，好多招过来的工业项目因规划局不予审批或手续办不下来，最后只能放弃，这就限制了镇里的工业发展和项目建设"（老冀的访谈记录）。

可见，大面积的土地沉陷已成为 L 镇产业多元化发展的掣肘，如此不利的发展环境对于一个传统农业型乡镇而言，加快农业结构调整似乎已是 L 镇对沉陷区进行整治进而走出困境的唯一出路。正如 L 镇党委书记马德立所言，"加快农业结构调整的进度，大力发展现代都市农业。这是刘区长在今年的政府工作报告中提出的工作重点之一。我们镇的任务量比较重，我们领导班子也经常讨论、分析和研究。一致认为，通过引进现代农业项目来完成上级布置的任务，是当前工作的主要着力点，比如西北旺农业科技园、华阳湖生态农业观光园、中旺村的千亩薰衣草庄园项目，这些都是集种植、养殖、旅游、观光、餐饮为一体的项目，类似的项目还有很多"（马德立的访谈记录）。

据了解，L 镇曾多次聘请外来专家前来规划设计，为充分利用该镇南部的沉陷地、荒滩和荒沙地，L 镇通过推进农村产权确权工作、加大土地流转力度、推广股份制合作、扶持种养大户与合作社等经营主体发展等一系列措施来引导和推动现代农业项目的发展。目前，根据 L 镇村居的整体布局，已开发和建设的现代农业项目主要划分为三大块：一是该镇的东部，冶金路南延的洛河村、千户村一带，项目包括千户生态农业示范园区、洛河的华阳湖农业生态观光园；二是该镇的中部，紧邻南外环路、江海路南延的西北旺村一带，建设了西北旺农业科技园区、千亩薰衣草庄园等项目，湖心岛湿地公园；三是该镇的西部紧邻西环路的仲伯村，建设有伯仲福庆生态农业观光园和万国风情牡丹园（见表 2）。

表 2　　　　　2017 年东镇重点生态农业项目建设基本情况　　单位：万元

序号	项目名称	总投资	建设内容
1	西北旺农业科技园	800	蔬果种植、温室大棚、休闲小屋、道路等
2	千亩薰衣草种植庄园	2500	休闲观光温室大棚建设；各种果树、珍贵中草药种植；马术俱乐部、垂钓区、独栋别墅、露营基地等建设
3	华阳湖生态农业观光园	9000	日光温室、拱棚、办公、休闲娱乐及配套设施等建设
4	仲伯福庆生态农业观光园	1000	黑枸杞、冬虫夏草等特色植物种植，特色小木屋、观光娱乐设施、办公区等建设
5	万国风情牡丹园	1000	改造水利灌溉系统、特色风味小吃区、景观等建设
6	千户生态农业示范园	1000	平整场地、园区道路、休闲区等建设
7	湖心岛湿地公园	20000	园区建设、观光、休闲

资料来源：笔者根据《T 区东镇 2017 年重点在建生态农业项目进度报表》自行整理。

　　L 镇政府在现代农业项目的招商引资过程中肩负着"国家利益代理人"和"谋利型政权经营者"[16] 的双重角色，不仅要承担来自目标管理责任体系的压力，① 还要应对乡镇财政方面的困境。因此，项目的招商引资与开发成为 L 镇摆脱困境的必然选择，且 L 镇政府在其中发挥着主导作用。作为项目制运作过程中的"抓包方"[17] 或"代理方"[18]，L 镇政府不仅要将沉陷

---

① 发展现代农业项目是 2017 年 T 区政府的重点任务之一，正如政府工作报告中所指出的："要稳步发展现代都市农业。扎实推进农业供给侧结构性改革，规范农村土地流转，完成农村集体建设用地所有权和宅基地使用权的不动产登记证发放，积极发展农村电商、休闲农业、乡村旅游等新业态，着力培育新型农业经营主体和服务主体。利用好湖心岛周边区域，抓好丰产种植园、万国风情牡丹园等精品农业项目，在东镇规划建设农业科技园区，推进一、二、三产业融合发展……加速园区开发建设，发展壮大园区经济。园区是 T 区经济发展的主战场……湖心岛现代农业园区依托湿地等自然资源和现代农业项目，大力发展农业观光、休闲旅游、健康养老等产业，支持千亩薰衣草种植庄园等项目提升规模档次，加快湖心岛旅游综合开发，谋划建设游客服务中心，着力培育特色农业文化和旅游景点，打造市区一日游生态休闲基地"。上级政府正是借助于目标管理责任体系下的"政治承包制"的形式将行政任务发包给 L 镇政府。

区因常年采煤形成严重塌陷的土地转化为可用于开发商投资和进场施工的建设用地，还要在大规模资源的再分配过程中处理好各方的关系。"资源作为乡村治理中的关键变量，资源额度、资源形态以及资源运作方式形塑并维系着具有不同表现形态的乡村治理。"[19]换言之，因项目运作而生发的资源再分配已成为重塑乡村治理结构的一种有效工具。L镇的开发型治理正在以对现代农业项目进行运作的形式回应着沉陷区治理的要求。

（二）补偿型治理：X市煤矿的综合治理

由上文可知，X市煤矿是L镇辖区内的国有企业，自1968年投产以来，在生产期间共造成沉陷区面积达上万亩。为全面深入地了解采煤沉陷区的具体情况，笔者咨询了X市煤矿沉陷区综合治理办公室（以下简称沉治办）主任朱宏伟。当我问及沉治办如何具体开展工作时，他的回答是，"我们之所以是'综合治理'，是因为治理的形式是多元化的，简单说，就是对沉陷区范围内各村居的损失进行补偿，具体地说，包括居民搬迁安置、建筑物维修加固、基础设施建设维护、土地复垦和再利用等内容。目前的重点工作就是土地复垦"（朱宏伟的访谈记录）。

关于土地复垦的实施办法《H省土地复垦实施办法》中作了具体规定，总之，X市煤矿开展沉陷区治理肩负法律责任。① 按照笔者自己的理解，补偿型治理是指相关责任企业以经济补偿作为主要手段实施沉陷区治理的一种治理形式，同时也是在沉陷区治理这一特殊场域中企业参与社会治理的一种途径。已有诸多学者分析了企业在社会治理中的作用及其肩负的社会责任。当前的研究大多集中于对社会企业的探讨，而对国有企业的社会治理责任研究甚少。X市煤矿的沉陷区治理为我们对国有企业参与社会治理的研究提供了鲜

---

① 类似的法律和政策规定还有很多，例如，《中华人民共和国土地管理法》第四十二条规定，因挖损、塌陷、压占等造成土地破坏，用地单位和个人应当按照国家有关规定负责复垦；没有条件复垦或者复垦不符合要求的，应当缴纳土地复垦费，专项用于土地复垦。复垦的土地应当优先用于农业；《H省土地管理条例》第三十三条规定，因挖损、塌陷、压占等造成土地破坏的，必须进行复垦；没有条件复垦或者复垦的土地经最终验收不合格的，造成土地破坏的单位或者个人应当根据破坏土地的面积和破坏程度，按照每平方米5~20元的标准，向市、县土地行政主管部门缴纳土地复垦费，由收取复垦费的土地行政主管部门统一组织复垦。

活的案例。在调研过程中，笔者有幸接触到了光明阳光苑项目开发这个案例。

光明阳光苑项目是 X 市矿区采煤沉陷区综合治理的重点项目之一，是由国家发展改革委批准，国补资金支持的为企业职工提供福利住房的工程。该项目占地 1236 亩，总建筑面积约 235 万平方米，其中住宅建筑面积约 142 万平方米。从《光明能源 X 市矿业集团有限责任公司沉陷区治理光明阳光苑安置方案》这一文件中，我们可以进一步得知企业的治理规划：

"在安置范围方面根据公司采煤沉陷区治理的有关精神，摸底调查的依据是《X 市发展和改革委员会关于 X 市矿区采煤沉陷区综合治理项目光明阳光苑工程初步设计的批复》，即 X 发改审批〔2013〕200 号文，据此确定 2013 年 12 月 4 日为治理安置的基准时间，公司相关各单位要以此基准时间进行摸底调查，确定符合安置条件职工的范围。"

"在安置办法方面，取得安置资格的职工，按沉陷区治理住房安置办法中计分排队的规定，以工龄、职务、职称等为依据，计算出个人得分，依个人得分多少，按由高到低进行排序，依次选取房号、地下室、车位。"

可以看出，该项目主要是为了解决煤矿职工的住房问题。据调查，项目资金方面，目前，中央财政已专项补助达 26061 万元，省财政已补助 6500 万元，公司已自筹 18258 万元，筹措资金共计 50819 万元；多层住宅的购房价格均价为 2550 元/平方米，高层住宅的购房价格均价为 2950 元/平方米（X 市购房价格均价为 6000 元/平方米）。这样看来，光明阳光苑项目确实为其职工提供了不小的福利。

但是，这种为企业内部职工提供福利住房的治理方式引发了笔者一系列的追问。例如，邓王庄社区在该项目占地中被征占 520 亩地，沉陷区治理过程中为什么没有涉及失地农户的住房、社保、就业等问题？[①] 失地农户究

---

① 2014 年中央一号文件，即中共中央、国务院印发的《关于全面深化农村改革加快推进农业现代化的若干意见》中提到，"加快推进征地制度改革。缩小征地范围，规范征地程序，完善对被征地农民合理、规范、多元保障机制。抓紧修订有关法律法规，保障农民公平分享土地增值收益，改变对被征地农民的补偿办法，除补偿农民被征收的集体土地外，还必须对农民的住房、社保、就业培训给予合理保障。因地制宜采取留地安置、补偿等多种方式，确保被征地农民长期受益。提高森林植被恢复费征收标准。健全征地争议调处裁决机制，保障被征地农民的知情权、参与权、申诉权、监督权。"

竟得到了哪些补偿？L镇政府在光明阳光苑项目建设中扮演着怎样的角色？带着这些问题和疑惑，笔者访谈了镇政府的张肖雷镇长。

"占了地，就应该提供福利房，但是这件事比较复杂。村民能不能在光明阳光苑买房，不是镇里说了算的。X市煤矿虽然在L镇辖区，但是煤矿和L镇之间没有隶属关系，它是归省国资委管的，省里直接批下来，所有的手续办下来都不用经过镇里，我们下边儿只能按上面的意思办。光明阳光苑就是为煤矿职工提供的保障房，它的服务对象仅限于煤矿职工，这在文件和合同上写得清清楚楚，所以镇里是没有发言权的，我们也不敢去和上边儿谈别的。这是一个大项目，是T区的重点项目，我们负责的只能是推进项目尽快落实。光明阳光苑项目在邓王庄占地520亩，总投资27亿元，填补了我镇多年来没有大型房地产项目的空白，在很大程度上缓解了经济建设指标的压力。至于对失地农民的补偿问题，应该补偿多少，怎么补偿，省里都有文件，还有失地保险制度。邓王庄情况比较特殊，不是谁被占地谁拿钱，而是把土地统一收上来，然后卖出去，大家再一起分钱。不管是失地的还是没有失地的，老百姓都愿意把土地卖出去，因为现在自己种地赚不了几个钱。老百姓都知道，咱们这边是采煤沉陷区，土地利用率本来就低，被开发、被征地的机会又少，好不容易等到这么一个项目来征地，当然都想分一杯羹了，下次被征都不知道要等到什么时候了"（张肖雷的访谈记录）。

从与张镇长的谈话中可以得知，乡镇政府在该项目的实施过程中"没有发言权"，只承担所谓的"协调"职责，即"在实施过程中必须由乡镇政府承担协调征地、拆迁、后期管理的任务，正是通过这些'协调'事务，乡镇政府大量参与到了项目执行过程中，并且这些工作日益成为乡镇政权的核心任务"。[20] 与此同时，光明阳光苑项目既满足了X市煤矿为内部职工提供福利住房的综合治理需求，也契合了L镇政府土地开发的需求。该项目虽然不是L镇政府的主动"圈地行为"，但项目的巨额投资对L镇政府完成上级政府指定的项目投资指标大有裨益。在这里，企业的补偿型治理与政府的开发型治理达成了某种程度的"利益共谋"。① 这时候的乡镇政府表现出更多的"经济理性人"的特征，成为以经济总量指标（如 GPD）或其他一些重要产品的产量与产值为导向来衡量自身业绩的"锦标赛体制下"的成员。国家项目输入过程中乡镇政府的"自利性"[21]得以凸显，完成经济总量指标作为一项行政任务，要求乡镇政府将其拥有的有限权力优势转化为整合和分配资源的力量强势，解决好该项目征地过程中出现的一系列问题，从而确保上级压下来的项目得到顺利落实。

三、沉陷区治理的症结：对失地农民的利益与空间排斥

L 镇政府的开发型治理与 X 市煤矿的补偿型治理相结合，形成沉陷区治理的两条主线，显然，这是基于沉陷区治理中项目运作过程的判断，它试图将研究视角聚焦于项目运作在镇域内的基层治理中对政府、企业和农民行为的塑造来把握沉陷区治理的逻辑。项目制运作下的沉陷区治理丰富了基层治理的样态，同时，作为基层治理实践的一种新的尝试，其成效仍有待观察。

（一）开发型治理的经济效益：冷清的农业生态园区

L 镇政府的开发型治理成效如何？这是笔者始终在跟进的问题。7 月初，笔者走访了湖心岛生态园区及其周围的若干现代农业项目，了解到这些新兴的乡镇企业经济效益并不高，很多刚刚落成的项目显得异常冷清。在对 L 镇党委副书记耿华文的访谈中，笔者进一步了解到这些企业的现状。

"生态农业项目的一个劣势就是前期投入成本高、见效慢，现在我们这个园区才刚刚建成，后期还有很多地方需要改进和完善，所以现在效益差

---

① 黄宗智等人甚至将项目制的运作理解为一种"官商勾结"的形式，他们认为，项目制的核心机制在于中央用分配和奖补资金的手段来调动地方政府和其他承包者的积极性。这固然可以是一个有效的机制，可以引起一定程度的竞争以及上下层的互动。明确的项目目标，也可能导致招标和申请、监督和运作，验收和效果过程中一定程度的专业化、技术化。但是需要明确，这样的手段容易成为自身的终极目标。它依赖的激励机制是地方政府以及投标人的牟利积极性。在实际运作中，"项目制"所遵循的其实是另一套逻辑，是逐利价值观下所形成的权—钱结合，主要展示为"官商勾结"。参见黄宗智，龚为刚，高原. "项目制"的运作机制和效果是"合理化"吗［J］. 开放时代，2014（5）.

是正常的。目前湖心岛园区只是初具规模，来这儿考察的企业还不是很多，你要知道，这种农业项目的投资是需要魄力的，它的风险比较大，我们必须加大宣传的力度，让企业有信心给我们投资，让老百姓有耐心地等待收益。发展生态农业、高效农业，经济效益要比传统的耕作农业高得多，所以农民都愿意把土地让出来，这些被占地或失地的农民还可以被返聘到这些新型农业企业中务工，促进他们的就业。现在这项工作执行得并不好，企业现在没效益，怎么可能花那么多钱雇更多的人呢？失地农户现在没了地，又找不到工作，单单靠征地补偿款是解决不了问题的，所以还有很多工作要去做"（耿华文的访谈记录）。

与耿书记的谈话引发了笔者对沉陷区开发型治理的进一步思考。开发型治理的基本逻辑就是通过对现代农业项目的招商引资来"经营土地"，政府通过垄断土地一级市场而取得巨大的土地出让收益也正是"经营土地"的前提之一。在当前的土地制度下，地方政府对土地的征用、开发和转让过程实施垄断可获得高额的财政收入，学界称为"土地财政"。地方政府在分税制后转向土地财政，既符合可以直接观察到的经验事实，也在财政和土地数据上得到了证明。[22] 地方政府将农地征用为国有建设用地的数量本来就受到中央政府的指标控制，① 而且中央政府还规定了实施建设占用耕地的"占补平衡"制度。② 对于采煤沉陷区而言，大面积的土地沉陷大大增加了沉陷区的投资风险，可征用、开发和转让的土地少之又少，这在很大程度上限制了现在农业项目和企业"资本下乡"的规模。"资本下乡"包括两个方面：一是企业资金参与了以"农民上楼"为主的土地综合整治项目，作为投资方获得了建设用地指标的剩余收益；二是社会资金参与了农村的耕地流转，帮助地方政府推进了土地的规模经营，大力发展现代农业。[23] 同时，现代农业项目又是"前期投入成本高、见效慢"，这些因素都进一步恶

---

① 国家有关法规要求，征用土地必须经省级以上人民政府批准，其中征用基本农田和基本农田以外的耕地超过35公顷，或者征用其他土地超过70公顷，须经国务院批准。中央政府出于保护耕地和土地使用效率的考虑，对于农地开发和转让有着严格的审批手续和限制。参见周飞舟. 生财有道：土地开发和转让中的政府和农民 [J]. 社会学研究，2007（1）.

② 《中华人民共和国土地管理法》第三十一条、第三十三条。

化了沉陷区的投资环境。

在土地征用和开发过程中，地方政府主要通过财政和金融手段积聚资金，"圈地"只是"圈钱"的手段而已。这种行为一方面积累了大量的金融风险，另一方面又因为对农民土地的低价补偿造成了潜在的社会风险。[24]此外，目标管理责任体系的固有弊端导致乡镇政府的开发型治理陷入盲目和低效的尴尬境遇。"目标责任制都带有较强的政府行政行为色彩，具有计划体制的痕迹。将经济发展细化为具体的合同目标，往往会造成政府的各项指标的增长是事先设定的。同时也会造成乡镇在指导农民生产经营的盲目性，缺乏市场意识。目标责任书中有关经济的部分，往往只注重目标的实现，而对其市场风险缺乏考虑。"[25]调查中，笔者发现，乡镇政府在招商引资时对当前的市场信息认识不足，没有充分意识到沉陷区的投资风险问题。很多生态旅游观光项目，如薰衣草种植庄园，因效益不高，最终还是回归到果树种植的传统农业生产路径。企业的经济效益反映在就业市场上，就是项目征地时保证失地农民充分就业的承诺无法兑现。农民没了赖以生计的土地，又找不到工作，这些因素都增加了社会不稳定的风险。总之，开发型治理通过政府和企业的合作完成了对村庄的经营和再造，但在一定程度上侵害了失地农民的利益。

（二）补偿型治理的遗留问题：王连奎等人的上访

沉陷区的"天然劣势"使其难以引入房地产项目，失地农民通过土地征用而获得"农民上楼"的机会原本就是渺茫的，如今他们又无法与企业职工一起分享企业以综合治理的名义提供福利住房的机会，这就形成了对失地农民的利益和空间排斥。在项目进入村庄这一过程中，乡村社会的分化和利益纠纷开始猛增。无论是现代农业项目的开发，还是光明阳光苑项目的"圈地行为"，都使农民失去了"恒产"，而且得不到足够的补偿。针对光明阳光苑项目的遗留问题，笔者进行了跟踪调查，并访谈了邓王庄社区以王连奎为代表的几个失地农民。

"我们一直反映的问题主要有两个。首先是土地补偿的问题，省里有文件，土地补偿费20%归集体，80%归失地农户，① 现在是整个村按人头平均分。其次就是住房的问题，征了我们的口粮地来盖楼，结果不给我们房子？2014年中央一号文件是怎么说的？上面儿说没说征地要解决失地农民的住房问题？"（王连奎的访谈记录）

经调查了解，光明阳光苑征占邓王庄土地520亩，按照区政府规定片区家每亩13.16万元（省政府标准10.61万元），共计土地补偿款收入6820万元。从2001年开始，邓王庄共被征用土地四次，分别为一建公司征地、百里河治理征占地、南北水调征占地以及光明阳光苑项目征占地。光明阳光苑项目征地之前，几次征地补偿方案均为被征地户一次性支付10年青苗补偿，然后再按人口进行分配剩余土地补偿款。2012年7月，邓王庄召开村民代表会研究通过，按照以前惯例支付光明阳光苑项目占地户每亩地10年青苗补偿费15000元后，按人口分配每人25000元土地补偿款。按人口分款的每人25000元补偿费已全部发放到位，共计发放5736.7125万元。

从与王连奎的谈话中可以看出，光明阳光苑项目在邓王庄社区的征地补偿遗留了很多问题，但留给笔者的最直观的印象就是，"项目下乡"或"项目进村"过程中可能涉及的一系列问题都可以得到政策性依据与解释，但是这些相关政策在落实到基层治理时却得不到有效的贯彻实施。换言之，政策执行的偏差导致了"上下分治"的结果。从项目制的运作过程来看，项目落成牵扯到太多的利益关系，也增加了沉陷区治理的难度。"项目进村"必然触及土地问题，如何补偿失地农民的利益以及平衡不同农户之间的关系都成为沉陷区治理的工作。可以说，沉陷区治理中的项目制运作导致了农民的利益分化，失地农民与不被占地农民被划分成两个派别，失地农民想分到更多的补偿款，不被占地农民则主张分配平衡。前者成为少数群体，后者则成为多数群体。乡镇政府和基层组织为加快项目落实的进度，必然选择照顾多数人的利益而牺牲少数人的利益，从而在空间和利益上损害了占少数的失地农户，这也在一定程度上反映出"项目制'技术理性'

① 《H省人民政府关于实行征地区片价的通知》中规定，"土地补偿费20%归集体经济组织，80%归被征地的土地使用权人或者按照家庭承包方式承包土地的农户"。

的不足"。[26]

四、结论

质性研究的分析要求将社会现象放在结构背景中进行考察。沉陷区治理是经济转型期普遍存在的一大治理难题，它在很大程度上影响着转型的效果和社会的稳定。在乡镇政府、辖区内的各类型企业与农民之间的关系结构中，展示出的是沉陷区治理的复杂面向。当沉陷区治理与镇域内的基层治理相叠合时，这就便于我们以更加清晰的视角去分析复杂关系网络中的各主体的行为逻辑。

L 镇政府的开发型治理与 X 市煤矿的补偿型治理相结合，形成沉陷区治理的两条主线，在个案中，项目运作成为沉陷区治理的主要线索。显然，这种判断基于沉陷区治理中项目运作过程，它试图将研究视角聚焦于项目运作在镇域内的基层治理中对政府、企业和农民行为的塑造来把握沉陷区治理的逻辑。沉陷区治理中项目制运作丰富了基层治理的样态。L 镇的开发型治理凭借对现代农业项目的开发与运作而生发的资源再分配已成为重塑乡村治理结构的一种有效工具，以此回应着沉陷区治理的要求，但在一定程度上侵害了失地农民的利益。就 X 市煤矿的补偿型治理而言，"项目化治理"导致了农民的利益分化与派别分立，结果酿成对失地农民的空间和利益排斥，这是项目制"技术理性"不足的体现。

参考文献

［1］亚诺什·科尔内. 短缺经济学［M］. 张晓光等译. 北京：经济科学出版社，1986：272 - 283.

［2］Jean C. Oi. "Fiscal Reform and the Economic Foundations of Local State Corporatism in China", World Politics, 1992, 45（1）: 99 - 126.

［3］Andrew G. Walder. "Local Government as Industrial Firms: An Organization Analysis of China's Transitional Economy". American Journal of Sociology, 1995, 101（2）: 263 - 301.

［4］Susan H. Whiting．"Market Discipline and Rural Enterprise in China"．（Manuscript）In Reforming Asian Socialism：The Growth of Market Institute，edited by John MaMillan and Barry Naughton. An Arbor：University of Michigan Press. 1995.

［5］邱泽奇．在政府与厂商之间：乡镇政府的经济活动分析［M］．北京：华夏出版社，2000：167－200．

［6］刘世定．占有，认知与人际关系——对中国乡村制度变迁的经济社会学分析［M］．北京：华夏出版社，2003：1．

［7］荣敬本等．从压力型体制向民主合作制的转变：县乡两级政治体制改革［M］．北京：中央编译出版社，1998．

［8］周庆智．中国县级行政机构及其运行——对 W 县的社会学考察［M］．贵州：贵州人民出版社，2004：131．

［9］周飞舟．锦标赛体制［J］．社会学研究，2009（3）．

［10］周黎安．行政发包制［J］．社会，2014（6）．

［11］渠敬东．项目制：一种新的国家治理体制［J］．中国社会科学，2012（6）．

［12］周飞舟．从汲取型政权到"悬浮型"政权——税费改革对国家与农民关系之影响［J］．社会学研究，2006（3）．

［13］李芝兰，吴理财．"倒逼"还是"反倒逼"——农村税费改革前后中央和地方之间的互动［J］．社会学研究，2014（4）．

［14］焦长权，周飞舟．"资本下乡"与村庄的再造［J］．中国社会科学，2016（1）．

［15］周飞舟．财政资金的专项化及其问题：兼论"项目治国"［J］．社会，2012（1）．

［16］杨善华，苏红．从"代理型政权经营者"到"谋利型政权经营者"——向市场经济转型背景下的乡镇政权［J］．社会学研究，2002（1）．

［17］折晓叶，陈婴婴．项目制的分级运作机制和治理逻辑——对"项目进村"案例的社会学分析［J］．中国社会科学，2011（4）．

［18］周雪光．项目制：一个"控制权"理论视角［J］．开放时代，2015（2）．

［19］李祖佩．项目进村与乡村治理重构——一项基于乡村本位的考察［J］．中国农村观察，2013（4）．

［20］付伟，焦长权．"协调性"政权：项目制运作下的乡镇政府［J］．社会学研究，2015（2）．

［21］李祖佩．项目下乡，乡镇政府"自利"与基层治理困境——基于某国家级贫困县的涉农项目运作的实证分析［J］．南京农业大学学报（社会科学版），2014（5）．

［22］孙秀林，周飞舟．土地财政与分税制：一个实证解释［J］．中国社会科学，2013（4）．

［23］周飞舟，王绍琛．农民上楼与资本下乡：城镇化的社会学研究［J］．中国社会科学，2015（1）．

［24］周飞舟．生财有道：土地开发和转让过程中的政府与农民［J］．社会学研究，2007（1）．

［25］徐勇，王辉祥．目标责任制：行政主控型的乡村治理及绩效——以河南 L 乡为个案［J］．学海，2002（1）．

［26］桂华．项目制与农村公共产品供给体制分析——以农地整治为例［J］．政治学研究，2014（4）．

中国居家失能老人生活满意度及其影响因素[*]

——基于 CLHLS 数据的实证分析

◎熊　鹰　袁文艺　刘　喆

湖北经济学院，湖北江夏，430205

摘　要： 本文通过对中国老年人口健康状况调查（CLHLS）项目 2011—2012 年截面数据进行逻辑筛选来获取样本，使用描述性统计和 Logistic 回归分析，研究居家失能老人生活满意度及其影响因素。结果显示，在居家状态下，66.1% 的失能老人生活满意度（自评）较高；91.7% 的失能老人洗澡需要帮助。经济收入水平、健康状况（自评）、社区服务（部分项目）对失能老人的生活满意度有显著影响。因此建议，加强失能老人的经济收入保障；增强社区卫生服务机构的为老服务能力；丰富社区老年集体文娱活动；发展便利居家失能老人洗浴的专业服务。

关键词： 居家失能老人　生活满意度　CLHLS

* 本文系 2015 年国家社科项目"整合机构养老与居家养老的新型社区养老院模式构建研究"（编号：15BSH128）成果。

一、问题的提出

根据 2015 年经济社会发展统计公报的数据显示，截至 2015 年底，中国 60 岁以上老年人口已达 2.2 亿人，占总人口数的 16.1%，随着人口老龄化尤其是高龄化问题日趋严重，失能老年人长期照护问题愈加凸显，2016 年 10 月 9 日全国老龄办、民政部、财政部共同发布的第四次中国城乡老年人生活状况抽样调查结果显示，我国失能、半失能老年人大致 4063 万人，占老年人口的 18.3%。失能老人因生活自理能力部分受损，不得不依靠他人提供生活照料，但是，养老机构的床位数增长的速度相对滞后。2015 年经济社会服务发展统计公报数据显示，各类养老床位 672.7 万张，每千名老年人拥有养老床位 30.3 张。粗略算来，即使把养老机构的床位全部配置给失能老人，也远远不够；因此，居家照护将是中国大部分失能老人的必然选择。

那么中国居家失能老人生活满意度如何？哪些因素会影响他们的满意度？笔者希望通过实证数据翔实地回答这两个问题。

目前，学界对此已经开展了初步的实证调查，取得了一些有意义的发现。例如，黄蓉等人在温州的调查表明：行动、经济状况、就医状况和患病状况是影响失能老人生活满意度的重要因素；经济状况不好的失能老人的生活满意度低于经济状况较好的失能老人，就医条件便利，患慢性病的数量少的老人生活满意度高（黄蓉，2013）。[1] 郑云慧在嘉兴的调查表明：居家照护总体能够回应失能老人的照护需要，失能老人对居家照护基本满意；失能老人的受教育程度、收支情况、患慢性病数、居住状况、主要照顾者的身份以及是否帮助购物和给予心理慰藉是影响照护满意度的主要因素（郑云慧，2016）。[2] 由于篇幅所限，类似的调查在此不再详细列举。这些调查为本文的研究假设提供了重要的参考，在此郑重感谢；但也存在着一个共同的局限，即调查受到地域和样本量的限制，结论的一般性存疑。为了填补这个缺憾，笔者在本文中使用人口学界公认的 CLHLS 数据库进行逻辑筛选来获取样本，并通过实证分析来验证上述研究者的发现。

二、数据与方法

（一）数据来源

本文数据来源于北京大学老龄健康与家庭研究中心 2011—2012 年的中国老年健康影响因素跟踪调查（CLHLS）项目的截面数据，该项目的基线调查与追踪调查涉及全国 23 个省（直辖市自治区）的 800 多个县，2011—2012 年的调查包括 9765 位 65 岁以上老人，调查的内容主要包括被访问老人的经济状况健康状况自理能力生活照料医疗服务水平等。由于本文只关注居家照护下的失能老人，因此，对样本做了逻辑筛选。采用国际上通用的卡茨（Katz）量表衡量老人是否失能，即六项日常活动（洗澡、穿衣、上厕所、室内活动、控制大小便和吃饭）中，至少一项有困难，需要他人帮助的老年人为失能老人，并依据老人需要帮助的项数划分失能程度，其中 1~2 项需要帮助定义为轻度失能，3~4 项需要帮助定义为中度失能，5~6 项需要帮助定义为重度失能。从中筛选出 2210 个样本，然后根据调查问卷中对"您现在与谁住在一起？"的有效回答，剔除选择居住在养老院的样本；针对"您目前在洗澡、穿衣、上厕所、室内活动、控制大小便和吃饭六项日常活动中需要他人帮助时，谁是主要帮助者？"的有效回答，删去了选择"无法说明"及缺失的样本，选出接受居家照护的失能老人 1755 人作为本研究的有效样本。

（二）变量设置

1. 因变量

本文的因变量是失能老人生活满意度。本文以问卷中"您觉得您现在生活怎么样？"来测量生活满意度，对该问题的有效回答分为"很好""好""一般""不好"和"很不好"五个等级，占比分别为：16.9%、45.2%、31.4%、5.5% 和 1%。由于选择"不好"和"很不好"的比例非常小，因此本文借鉴同行的做法将五个等级中的前两个等级合并为一类，表示"生活完全满意"；将后三个等级合并为一类，表示"生活不完全满意"。[3]

表 1 因变量描述性统计

	赋值	频率	有效	累计
完全满意	1	1091	66.1	66.1
不完全满意	0	664	33.9	100
合　计		1755	100	

2. 自变量选取

根据本文的研究目的，借鉴已有研究，笔者从个体特征、经济状况、健康状况、亲人支持、社会支持五个层面的特征选取了 18 个自变量用以分析居家照护方式下失能老人生活满意度的影响因素。

表 2 变量赋值和描述性统计

变量名称	变量赋值
性别	男 = 1　女 = 0
年龄	小于 69 = 1　70 - 79 = 2　80 以上 = 3
当前是否与配偶同住	是 = 1　否 = 0
受教育年限	未上过学 = 0　1 - 6 = 2　7 - 12 = 3　13 以上 = 4
居住地	城镇（城市、镇）= 1　乡 = 0
居住方式	独居 = 1　与家人同住 = 2
生活水平	比较富裕（很富裕、比较富裕、一般）= 1 比较困难（比较困难、很困难）= 0
生活来源	够用 = 1　　不够用 = 0
自评健康	好（很好、好、一般）= 1　不好（不好、很不好）= 0
失能程度	轻度失能 = 1 中度失能 = 2 重度失能 = 3
儿子经济支持	是 = 1 否 = 0
女儿经济支持	是 = 1 否 = 0
孙子女经济支持	是 = 1 否 = 0
子女情感支持	是 = 1 否 = 0
主要照料者意愿	愿意 = 1 不愿意 = 0
社会活动	参加 = 1 不参加 = 0
社区上门看病、送药	是 = 1 否 = 0
社区组织社会和娱乐活动	是 = 1 否 = 0

（三）研究假设

假设一：居家照护失能老人生活满意度受个体特征影响。年龄越小、受教育年限越久的失能老人生活满意度高。此外，女性、现居城镇、当前与配偶同住、和家人同住的失能老人的生活满意度优于男性、现居农村、当前不与配偶同住和独居的失能老人。

假设二：经济状况会显著影响失能老人的生活满意度。生活水平比较富裕、生活来源够用的失能老人的生活满意度更高。

假设三：健康状况会显著影响失能老人的生活满意度。自评健康状况好、失能程度轻的失能老人生活满意度更高。

假设四：家庭支持与失能老人生活满意度变量之间存在统计学差异。儿子经济支持方面：儿子提供经济支持的失能老人生活满意度要高于儿子不提供经济支持的失能老人；女儿经济支持方面：女儿提供经济支持的失能老人生活满意度要高于女儿不提供经济支持的失能老人。情感支持方面：子女经常看望的失能老人生活满意度要高于子女从不看望的失能老人。主要照料者的意愿方面：失能老人的主要照料者在照料老人时表现出愿意情绪的失能老人生活满意度要高于失能老人的主要照料者在照料老人时表现出不愿意情绪的失能老人。

假设五：社会支持与失能老人生活满意度变量之间存在统计学差异。有社会活动、社区上门看病、送药、社区组织社会和娱乐活动的失能老人对生活的满意度更高。

三、描述性分析结果

（一）基本情况

在研究样本中，男性 634 人，占 36.1%；女性 1121 人，占 63.9%。小于 69 岁的失能老人 19 位，占 1.1%；80 岁以上的失能老人 1577 位，占 89.8%。说明失能与高龄化之间存在密切联系。在文化程度方面，受教育年限为 0 年的失能老人所占比重较大，为 70.1%。失能老人现居城镇的有 921 人，占 52.5%；现居农村的有 834 人，占 47.5%。和家人同住的失能老人有 1586 人，占 90.4%。

表 3　　　　　　　　　居家照护方式下失能老人的基本特征

变量	变量含义	人数	百分比（%）
性别	男	634	36.1
	女	1121	63.9
年龄	小于 69 岁	19	1.1
	70 ~ 79 岁	159	9.1
	80 岁以上	1577	89.8
受教育年限	0 年	1227	70.1
	1 ~ 6 年	386	22.0
	7 ~ 12 年	117	6.7
	13 年以上	21	1.2
婚姻	当前不与配偶同住	1378	78.7
	当前与配偶同住	372	21.3
居住地	城镇	921	52.5
	农村	834	47.5
居住方式	独居	169	9.6
	和家人同住	1586	90.4
失能程度	轻度失能	989	56.4
	中度失能	357	20.3
	重度失能	409	23.3

（二）失能情况

从表 4 可以看出，整体而言，失能老人中女性的比重较大，占六成以上；80 岁以上的高龄老人比例最大，接近九成。从表 5 可以看出，洗澡项目需要帮助的比例最大，自理程度低，占 91.7%。相比较之下，不能够自己吃饭的失能老人比例较低。其中穿衣、上厕所和室内活动三项需要帮助的老年人比例分别为 45.1%、46.3% 和 38.3%。从城乡差异来看，农村失能老人在洗澡、穿衣、上厕所、室内活动和吃饭五个方面自理程度与城市失能老人略有差异，但并不显著。

表4 分性别、年龄失能情况 单位：%

失能程度	性　别		年龄（岁）			合计
	男性	女性	小于69	70 – 79	80 及以上	
轻度失能	37.7	62.3	1.8	10.6	87.6	100.0
中度失能	33.1	66.9	0.0	7.8	92.2	100.0
重度失能	35.0	65.0	0.2	6.4	93.4	100.0
合计	36.1	63.9	1.1	9.1	89.9	100.0

表5 六项日常活动需要帮助的比例排序 单位：%

项目名称	总 样 本		农　村		城　镇	
	需要帮助的人数	比例	需要帮助的人数	比例	需要帮助的人数	比例
洗澡	1609	91.7	753	90.3	856	92.9
上厕所	812	46.3	379	45.4	433	47.0
穿衣	792	45.1	353	42.3	439	47.7
室内活动	672	38.3	319	38.2	353	38.3
吃饭	481	27.4	238	28.5	243	26.4
控制大小便	340	19.4	146	17.5	194	21.1

四、回归分析结果与讨论

（一）多重共线性检测

不可否认，居家照护方式下失能老人生活满意度受诸多因素影响，本文主要分析居家照护方式下失能老人的个体特征、经济状况、健康状况、亲人支持和社会支持五方面因素对生活满意度的影响。这些影响因素之间可能存在相关性，导致出现多重共线性。为此，在进行回归分析之前，要先对上述变量进行多重共线性检测，结果如表6所示。一般情况下，如果容忍度≤0.1或方差膨胀因子 VIF≥10，则说明自变量间存在严重共线性。由表6检测结果可知，各影响因素之间的相关性很小，可以不考虑多重共线性的影响。

表6　　　　　　　　　　　多重共线性检测结果

变　量	容差	VIF	变　量	容差	VIF
性别	0.666	1.502	失能程度	0.851	1.176
年龄分段	0.785	1.274	儿子是否提供经济支持	0.680	1.471
当前是否与配偶同住	0.723	1.383	女儿是否提供经济支持	0.659	1.517
文化程度	0.695	1.438	孙子女是否提供经济支持	0.779	1.283
现居住地	0.864	1.158	子女情感支持	0.957	1.045
居住方式	0.938	1.066	主要照料者意愿	0.931	1.074
个案在当地的生活水平	0.730	1.370	是否参加社会活动	0.887	1.128
您的生活来源是否够用	0.747	1.338	社区上门看病、送药	0.902	1.108
自评健康状况	0.792	1.263	社区组织社会和娱乐活动	0.838	1.193

（二）Logistic 回归分析与讨论

在排除变量之间多重共线性的风险后，笔者进行 Logistic 回归分析，具体结果如表7所示，下面笔者就其中显著性意义较强（$P < 0.05$）的结果进行讨论。

在受教育年限方面，受教育年限为 1～6 年的失能老人生活满意度是未受教育失能老人的 1.945 倍且通过显著性检验，受教育年限为 7～12 年和 13 年以上的失能老人的生活满意度虽然也比未受教育失能老人的满意度高，但是未通过显著性检验。可能的原因是，受教育年限为 7 年以上的失能老人在样本中所占的比重过低所致（见表3）。为慎重起见，本文暂不讨论受教育程度与失能老人生活满意度之间的关系。

在经济状况方面，生活水平和生活来源对居家护理方式下失能老人生活满意度有显著的影响。从生活水平来看，生活水平比较富裕的失能老人生活满意度是生活水平比较困难的失能老人生活满意度的 2.186 倍，生活水平较好的老年人相应的物质生活条件也较好，能够得到较好的照顾与医疗支持，所以生活满意度会更高。与生活来源不够用的失能老人相比，生活来源够用的失能老人生活满意度是生活来源不够用的 1.631 倍，生活来源够用的失能老人安全感可能会更高，不用对衣食住行和看病等问题有所担忧，所以生活满意度会更高。郑冰认为，经济水平、性别、健康水平和是否参加社会活动会影响农村老年人的生活满意度。其中，经济水平是最主要的影响因素，较高的经济水平意味着较高的生活满意度[4]。Revicki 和 Mitchell 也发现收入对幸福感具有影响，老年人对经济保障的满意度会显著影响生活满意度。[5]

表 7　　　　　　　　　　　　Logistic 回归分析的结果

自变量（参照组）	回归系数（B）	标准误（S. E）	显著性（Sig.）	优势比（Exp（B））
性别（对照组＝男性）	－0.203	0.231	0.380	0.816
年龄（对照组＝80 岁以上）			0.887	
小于 69 岁	－0.329	0.774	0.670	0.719
70～79 岁	－0.090	0.310	0.771	0.914
婚姻（对照组＝当前与配偶同住）	0.277	0.236	0.241	1.319
受教育年限（对照组＝0 年）			0.066	
1～6 年	0.665	0.260	0.011 *	1.945
7～12 年	0.084	0.366	0.820	1.087
13 年以上	0.619	0.960	0.519	1.858
居住地（对照组＝农村）	0.241	0.194	0.214	1.273
居住方式（对照组＝独居）	0.021	0.307	0.945	1.021
生活水平（对照组＝比较困难）	1.035	0.258	0.000 *	2.816
生活来源（对照组＝不够用）	0.489	0.228	0.032 *	1.631
自评健康（对照组＝不好）	1.285	0.212	0.000 *	3.616
失能程度（对照组＝轻度失能）			0.865	
中度失能	－0.091	0.238	0.704	0.913
重度失能	0.028	0.279	0.921	1.028
儿子经济支持（对照组＝否）	0.195	0.231	0.399	1.215
女儿经济支持（对照组＝否）	0.011	0.235	0.964	1.011
孙子女经济支持（对照组＝否）	0.343	0.204	0.094	1.409
子女情感支持（对照组＝否）	0.397	0.289	0.170	1.487
主要照料者意愿（对照组＝不愿意）	0.788	0.408	0.053	2.198
社会活动（对照组＝不参加）	0.202	0.431	0.639	1.224
社区上门看病、送药（对照组＝否）	－0.232	0.203	0.252	0.793
社区组织社会和娱乐活动（对照组＝否）	0.732	0.334	0.028 *	2.079

续表

自变量（参照组）	回归系数（B）	标准误（S. E）	显著性（Sig.）	优势比（Exp（B））
常量	－ 3. 232	0. 850	0. 000	0. 039
卡方检测值	0. 000			
－ 2 倍对数似然值	756. 474			
Cox and Snell R 方	0. 196			
Nagelkerke R 方	0. 272			

注：＊ $P < 0.05$

自评健康状况对居家护理方式下失能老人生活满意度有较为显著的影响。自评健康状况好的失能老人生活满意度是自评健康状况不好的失能老人的 3. 616 倍，健康状况的好坏直接影响着失能老年的精神情绪和心理状态，自认为健康状况好的失能老人精神状态和心理状态更佳，因而生活满意度较高。李建新研究发现，城市老年人的精神情绪和心理状态受到身体健康状况的影响，无疾病的老年人的幸福感要强于有疾病的老年人。[6]Angelini 通过对"欧洲健康、老龄和退休调查（SHARE）"数据的分析也表明健康状况好的老年人生活满意度较高。[7]

社区组织社会和娱乐活动对居家照护的失能老人生活满意度有显著的影响，参加社区活动的失能老人生活满意度是不参加社区活动失能老人的 2. 172 倍，失能老人由于某些自理能力受损，活动有限制造成生活单调，参加一些有组织的社区活动能够丰富失能老人的生活，提高他们的生活满意度。刘吉发现，参与各种社会活动可以使老年人保持积极主动的心态，直接提高老年人的生活满意度。[8]Gaymu 和 Springer 也证实参加休闲活动的老年人生活满意度会更高。[9]

五、相关建议

（一）加强失能老人的经济收入保障

如前文所述，生活水平和生活来源对居家失能老人生活满意度有显著的影响。且失能老人群体往往呈现高龄人士多、女性多的特征，他们在经济收入上比较薄弱；并且他们的子女也已经进入老年，自身都需要经济帮助。只有孙子、孙女正值壮年的，或许还可以提供一些非常有限的经济帮助。因此，社会应给予失能老人必要的经济帮助；多渠道筹集资金对居家失能老人及其家庭给予必要的经济收入保障，以满足经济困难、失能严重的老年人的物质生活需求。现在，一些地方给高龄老人发放高龄津贴，那么，是否可以考虑给失能老人，尤其是重度失能老人，发放照护津贴；以体现社会的关爱。当然，长远来看最根本的还是要建立失能老人长期照护保险制度。

（二）增强社区卫生服务机构的为老服务能力

就医的便利性对于维护失能老人的健康至关重要，机构照护下的失能老人由于居住集中，医疗服务的获得性较好；而居家照护下的失能老人由于居中分散，容易形成"盲区"。因此，要增强社区卫生服务机构的为老服务能力，能够定期为居家的失能老人进行上门体检，为失能老人的照护者提供专业化的建议和培训，向失能老人传播医疗保健知识，定时关注其身体健康状况，及时响应其就医需求，为他们提供便捷的就医条件和健康管理服务，以改善其健康水平。

（三）丰富社区老年集体文娱活动

失能老人由于行动不便，生活空间往往封闭、局促，难免单调苦闷。因此，社区的社工可以定期组织一些小型集体娱乐活动，组织志愿者排演一些适合老年人的文艺节目，例如，戏曲、唱歌、跳舞、相声、小品、诗朗诵等，到社区活动室进行表演，同时可以鼓励有才艺的老人参与力所能及的表演，通过各种方式让失能老人多参与社会活动，使老人们得到精神上的愉悦。还可以考虑邀请失能程度较轻的老人在家人的陪同下开展一些集体文娱活动，做游戏、看电影、微旅游等，从而让这些"特殊老人"认识更多的伙伴，使其保持良好的精神状态。

（四）发展便利居家失能老人洗浴的专业服务

最后值得一提的是，根据表5的排序，在六项日常活动中，洗澡需要帮助的比例高达90%以上；城市和农村皆然。据笔者观察和访谈得知，因为失能老人普遍年龄较高，且身患多种退行性疾病，使得洗澡过程变得缓慢而困难；由于洗澡的私隐性，大多数失能老人希望自己完成。因此，对于轻度失能老人而言，浴室需要进行专业化改造，如地面防滑处理、墙面加装扶手、安装呼救装置等。而对于重度失能老人，家属、保姆一般不敢洗澡，只能擦洗；有的老人甚至将近3年没有洗澡了。据新闻媒体报道，现在国内一些发达地区已经出现了针对居家失能老人的专业上门洗浴服务。先由专业医生护士上门评估，看病人是否适合洗澡。而后服务人员上门，其中必须有一名护士在服务现场监测生命体征，如果出现异常情况要暂停服务，服务后也要再做检测。但是，目前该项服务的次均费用较高，建议政府以购买服务的方式招标采购，向居家失能老人免费或低价提供。

参考文献

［1］黄蓉，易利娜，余昌妹．温州市失能老人生活满意度及相关影响因素调查［J］．医学与社会，2013（2）．

［2］郑云慧．居家失能老人照护满意度及影响因素研究［J］．嘉兴学院学报，2016（6）．

［3］彭荣．高龄老人自评护理需求满足度［J］．中国老年学杂志，2016（3）．

［4］郑冰，赵忻怡，杜子芳．农村老年人生活满意度及其影响因素研究［J］．调研世界，2015（5）．

［5］Revicki D A, Mitchell J P. Strain, social support, and mental health in rural elderly individuals. Journal of Gerontology, 1990, 45（6）：S267－S274.

［6］李建新，张风雨．城市老年人心理健康及其相关因素研究［J］．中国人口科学，1997（3）．

［7］Angelini V, Cavapozzi D, Corazzini L, et al. Age, health and life satisfaction among older Europeans. Social indicators research, 2012, 105（2）：293－308.

［8］刘吉．我国老年人生活满意度及其影响因素研究［J］．老龄科学

研究，2015（3）.

［9］Gaymu J，Springer S. Living conditions and life satisfaction of older Europeans living alone：a gender and cross – country analysis. Ageing and Society，2010，30（7）：1153 – 1175.